戦前の1936年に製造認可された中型ボギー車の1100形は、一部座席がクロスシートとなっており「ロマンスカー」としてPRされた。戦時中にそのクロスシートは撤去され、戦後はオールロングシートとされた。写真は1105号。
'58.10.19 横浜駅前　P：J.ウォーリー・ヒギンズ
所蔵：名古屋レール・アーカイブス

横浜市電として戦前最後の1942年に製造認可されたのが3扉大型ボギー車の1200形(当初の形式は2600形)。写真は1203号で、フロントバンパー部の白塗装は中部車掌廃止を示すものだった。晩年はラッシュ時専用で、ワンマン化改造は受けず他車より一足早く形式消滅となった。
'60.3.20　日本大通り　P：久保　敏

横浜市電は比較的後年まで2軸単車を多用していた。写真の600形は戦災で被災した500形を復旧したもので、種車よりも屋根が薄く、また側窓が二段窓となって近代的な印象を受ける。
'63.9.7　横浜駅前
P：J.ウォーリー・ヒギンズ
所蔵：名古屋レール・
アーカイブス

木製車体でダブルルーフの400形は、横浜市電で初めて空気制動が設置された形式。写真の419号は2代目で、1960年に腰板・柱を鋼板張りに改造された姿。
'64.5.24　花園橋
P：J.ウォーリー・ヒギンズ
所蔵：名古屋レール・
アーカイブス

戦後の割当車として30輌というまとまった数が導入された1300形（当初の形式は3000形）。3扉の大型車体は大阪市電1711形と同タイプ。車体更新は受けたがワンマン化改造は行われず、1971年までに形式消滅した。写真の1306号は車体更新前の姿。
'63.9.7　横浜駅前
P：J.ウォーリー・ヒギンズ
所蔵：名古屋レール・
アーカイブス

横浜市電の名所・山手隧道（またの名を「麦田のトンネル」）を行く500形545号。500形は60輛が製造された横浜市電戦前期の代表的存在。鋼製車体・シングルルーフを持つ。　'67.7.16　麦田　P：久保　敏

1150形は、画期的な間接制御車として登場した1500形と同様の車体を持つが、一部手持ち部品を流用して製造コストを削減した形式。写真の1161号は後期製造のグループで側窓上段がHゴム支持のいわゆるバス窓となっている。
　　　　　　　　　　　'72.3.5　本町4丁目　P：諸河　久

夕暮れの町を行く1500形1513号。1500形は高加減速や防音防振対策を施した新型車両として1951年に製造認可された。車体も軽快なデザインで好評を博したという。1972年の全線廃止まで主力車として活躍した。
'69.9　長者町五丁目　P：戸枝裕雄

桜木町駅で東急東横線7200系と並んだ1100形1105。1頁上段掲載のものと同一車両で、塗色変更だけでなく行先表示の大型化およびワンマン表示器追加、前照灯のシールドビーム化などの形態変化に気づく。
1969年　国鉄桜木町駅前　P：戸枝裕雄

須崎神社〜横浜駅前間、浜松町〜阪東橋間廃止のさようなら飾りつけを施された1500形1501号。
'69.9.30　須崎神社前
　　　P：戸枝裕雄

4

開港50周年を記念して1917年に建設された横浜市開港記念会館。市電との調和は実に絶妙で横浜らしい風景のひとつであった。
1938年　本町1丁目
P：臼井茂信

横浜市電で最も重用された500形が高島町の交差点ですれ違う。戦前の7系統は中央市場前から高島町と久保山を経由して浦舟町に至るもの。後方のガードは東横線のものであるが当時は単線であった。
1938年頃　P：臼井茂信

## はじめに

　2009（平成21）年6月2日、横浜は開港150年を迎えた。その歩みは巷間思われているほど華やかなものではなく、かつての市長、細郷道一が〝五重苦〟と述べているように振幅の激しいものであった。この五重苦とは震災、昭和恐慌、第二次大戦、占領と接収、戦後の人口爆発のことを指すが、横浜市電についてもこの五重苦に翻弄され、道路事情の悪化を乗り越えられず、廃止されてから37年が経った。
　ところで、横浜市電についてまとめられた文献は意外と少なく、正当な車輌史は極めて少ない。しかし、その車輌群は非常に個性が強いもので、技術的な側面からも注目してみる必要があろう。そこで、本書では許認可文書や局内資料と言った一次資料を基に、あえてオーソドックスな車輌史として横浜市電の解説を試みる。むろん、書類と実態が異なることはあるかも知れないし、また資料の遺存状態により叙述量の格差も生じている。しかし、本書は資料性を重んじて、あいまいな記述や個人的な感情移入は極力避けている。なお、構成は上巻の戦前編を澤内一晃、下巻の戦後編を岡田誠一が取り扱う。

## ハマの街に路面電車が登場

　横浜市は震災と戦災により資料の遺存状況が極めて悪く、信頼出来る震災前の一次史料は、震災で焼失し断片的な「鉄道省文書」と横浜電気鉄道最末期2年分の営業報告書しか確認されていない。そのため、本章は1909（明治42）年に横浜商業会議所がまとめた『横浜開港五十年史』や交通局の年史、『横浜市史』などの二次史料に負う部分が大きい。

　かつての宿場町である神奈川と横浜市内を結ぶ市内電車を敷設する計画は1895（明治28）年頃より田中善助らと森本文吉らの間で競願状態にあった。当時の市内軌道の許認可権を握っていた県知事はどちらに特許を与えるべきかを県会に諮問したところ、どちらも却下との結果に終わってしまう。

　その後、高橋四郎、鈴木豊吉らの一派が参入し四者入り乱れる状態になるが、これに直接の競争者となる人力車業界が敷設反対運動を繰り広げ事態は混乱する。最終的には上記四派が合同して横浜電気鉄道（以下、横浜電鉄と記す）を設立し、1900（明治33）年9月17日に神奈川～大江橋～彼我公園（横浜公園）および西の橋～港橋～税関前～花園橋間の特許が下りる。そして、1904（明治37）年7月15日に神奈川～大江橋間が開業したのを皮切りに、翌年12月25日までに順次開通することになる。

　続いて1906（明治39）年から翌年にかけて郊外線の敷設計画を立案し順次特許を得るが、その中で注目に値するのは1907（明治40）年5月21日に特許を得た南吉田町～弘明寺～鎌倉および滝頭～杉田～逗子間であろう。実は1895（明治28）年の段階で、既に森本らが神奈川から鎌倉までの敷設計画を出願するなど、出願者の中には当初から郊外電鉄を志向する者が少なからず存在した。しかし、日露戦後不況で増資に失敗し、関外や本牧地区に路線網を延ばしただけで終わってしまう。さらに第二次桂太郎内閣の時に国鉄東海道線の支線と化した横浜～桜木町間の有効活用を狙い、国が横浜市内を縦貫し大船方面に結ぶ新線計画を決定したことから[1]、1914（大正3）年3月2日に鎌倉線の特許を取り下げている。

　辛うじて開業した区間は当時としては郊外にあたる。そこで横浜電鉄は沿線の宅地開発を図ることで乗客誘致を試みたものの、分譲成績は思わしくなく、1918（大正7）年に不動産部を横浜土地株式会社として分離する結果に終わっている[2]。

　また、増収策で特記しなければならないものは、本牧線で行われた貨物輸送である。山手地区は丘陵部に

真新しい線路の上を1形24が走る。1911年12月26日に西の橋～本牧原間が開通

遮断され物資輸送が困難であったが、丘陵部をトンネルで抜ける電鉄の開通は輸送隘路を打開するものであった。特にキリンビール山手工場がこれに目をつけ製品輸送を要請、1911（明治44）年8月11日に特許を得て、西の橋の脇に設けた貨物駅との間で貨物営業を開始している。

　横浜電鉄の経営は、まずい経営判断と資金難がついて回り、整備が進まない状態に対し、横浜市は1910（明治43）年に都市計画の一環として買収をもちかける。この時の市の狙いは都市交通を握ることで収益源を確保することにあったが、日露戦後不況により水道整備のために発行した市債の償還が困難となり、横浜電鉄が収益の一定金額を報償金として納付する契約を結ぶ

8

1911.12 桜道下（後の麦田町）　高松吉太郎所蔵『新線路写真帳』より

が、この写真は試運転時のものと思われる。

ことで妥協が図られる[3]。続いて1914（大正3）年8月から9月にかけ、神奈川で接続する京浜電気鉄道が市内乗入を狙って買収交渉を行ったが、時期尚早との結論になり、これも破談となる[4]。

## 横浜市電気局の誕生

横浜電鉄が単独で生き残るのも難しい状態で、特に第一次世界大戦の勃発による物価騰貴や反動恐慌は深刻な影響をもたらした。ランニングコストの上昇から、横浜電鉄の資金は急激に減少し、新線建設は用地買収が進まず中断となり、1918（大正7）年4月と1920（大正9）年3月には従業員が賃上げを求めてストライキを起こす。経済的な余裕がなくなった横浜電鉄は、これらの問題を解決するため1920（大正9）年4月15日に横浜市に対し運賃値上げを申請する。だが、市当局はかねてより新線や車輌増備などハード面の整備の遅れが都市計画に響いていることを問題視しており、これを機に再度買収案が持ち上がった。

急な提案に対し横浜電鉄は買収価格をめぐる条件闘争を行うが、最後は原富太郎[5]ら財界人の調停により620万円で妥結。1921（大正10）年4月1日、横浜市が横浜電鉄を買収して横浜市電気局が設立された。横浜市は買収後に200万円の公債を発行し、逗子線、間門線、久保町線の三線延伸を手始めに市電の整備に取り掛かった。

# 創業時から市営初期までの車輛

横浜電鉄時代の車輌許認可は断片的にしか判明していない。まず、所有車輌数の変化を『内務省統計書』から見てみると表1の通りになる。横浜市電に至るまでの全般的に言えることであるが、どちらかと言えば中小メーカーや新興メーカー、あるいはあまり電車と縁のないメーカーで製作された車輌が多かったのが大きな特徴である。その理由は定かではないが、会社時代も市営時代も資金的余裕のないまま終始した軌道であり、大手メーカーと比較するとダンピングが可能だったためではなかろうか。

開業時の車輌は当時の市内電車の典型で、吹きさらしのデッキと側面二段絞りの車体を持つ四輪車であった。しかし、労働環境としては劣悪なことから、1910（明治43）年に登場した31形以降は東京市電から購入した94形を除いてベスチビュール付となり、車体側面も順次、短冊張の縦羽目に改造されていく。さらに1921（大正10）年12月27日認可で横浜市電の特徴といえる幕板部の尾灯も設置された。電気品はアメリカのGEやウェスチングハウス製が主力であったが、一部にイギリスのウォーカー製を採用したのが大きな特徴である。台車はブリル21Eが中心だが、一時期集中的にマウンテンギブソンを採用したことがある。なお、営業報告書を見ると、表2に挙げたとおり都合に合わせて機器の交換や振替を行っているように読み取れ、事実、廃車時に付けていた機器は各車各様で、グループ毎の統一性はなくなっていた。

番号は設計変更関係なく1から積上げられたが、前後の設計変更点が多い30と108〜110は欠番である。また、形式について会社や当局が意識するようになるのは震災後の200形以降の話であり、当時はそのような概念からして存在しない。次節以降、形式別に解説して行くが、震災後の167形まではロット概念を持ち込み、便宜上、筆者が形式区分しただけにすぎないものであることを予めお断りしておく。

表1　民営時代輌数表

| 暦年 | 客車 | 貨車 |
|---|---|---|
| 1904（明治37）年 | 22 | |
| 1905（明治38）年 | 22 | |
| 1906（明治39）年 | 28 | |
| 1907（明治40）年 | 28 | |
| 1908（明治41）年 | 28 | |
| 1909（明治42）年 | 28 | |
| 1910（明治43）年 | 33 | |
| 1911（明治44）年 | 46 | |
| 1912（大正元）年 | 61 | 2 |
| 1913（大正2）年 | 91 | 2 |
| 1914（大正3）年 | 91 | 6 |
| 1915（大正4）年 | 93 | 6 |
| 1916（大正5）年 | 93 | 6 |
| 1917（大正6）年 | 93 | 6 |
| 1918（大正7）年 | 93 | 6 |
| 1919（大正8）年 | 99 | 6 |
| 1920（大正9）年 | 115 | 6 |
| 1921（大正10）年 | 144 | 6 |

出典：『内務省統計書』

表2　モーター出力別在籍電動客車車輌数　出典：『横浜電気鉄道営業報告書』

| 営業期 | 期間 | 20馬力 輌数 | 増減 | 25馬力 輌数 | 増減 | 27馬力 輌数 | 増減 | 30馬力 輌数 | 増減 | 合計 |
|---|---|---|---|---|---|---|---|---|---|---|
| 第33期 | 大正6年12月〜7年5月 | 16 | −6 | 31 | −2 | 46 | +8 | | | 93 |
| 第36期 | 大正8年6月〜8年11月 | 4 | | 37 | +6 | 58 | | | | 99 |
| 第37期 | 大正8年12月〜9年5月 | 4 | | 43 | +6 | 58 | | | | 105 |
| 第38期 | 大正9年6月〜9年11月 | 4 | | 43 | | 58 | | 10 | +10 | 115 |
| 第39期 | 大正9年12月〜10年3月 | 14 | +10 | 42 | −1 | 49 | −9 | 10 | | 115 |

注）以上が現在確認されている営業報告書のすべてである。

横浜橋から駿河橋にむけて走るトップナンバーの1形1。1928年までは運河である新吉田川沿い（写真左側の川）に市電が通っていた。現在は埋め立てられて大通り公園となりその地下を市営地下鉄が走っている。
1910年頃　足曳町付近（現在の中区曙町の一部）
所蔵：高松吉太郎

堀割川沿いを走るI形22。左側の崖は100年を今でも辛うじて残る。　　　1912年頃　中村橋　高松吉太郎所蔵『新線路写真帳』より

本牧原に向けて専用軌道を走る36形54。拡大された窓が特徴である。　　　1911年頃　上野町　高松吉太郎所蔵『新線路写真帳』より

ベスチビュール化された1形。最初に登場した4輛は側窓の数が10枚となっていた。　　　　1922.8　桜道下（後の麦田町）　P：高松吉太郎

## ■ 1形1～29（7欠）

　開業にあたり1904（明治37）年7月8日認可で用意された22輛と、1906（明治39）年に増備された6輛からなる40名乗の四輪単車。製造は1が豊岡工場、2と14～22が天沼工場、3～13、23～29が東京車輛。7は開業当初は存在していた可能性があるが、早々に改番されたようで確認でき得る資料には存在しない。

　車体は特許による制約で最大長が7620mm、最大幅2134mmで、以後の車はこの数値を基準に形式毎に車体が拡大されることになる。

　最初に投入された22輛の台車はいずれもブリル21Eであるが、1～4は側窓が10枚あり、モーターはWH-12A（18.65kW／500V）×2を使用する。これに対し5以降の側窓は9枚で、モーターもウォーカー33S（18.65kW／500V）×2であることから、仮に形式概念があれば区分するのが適当である。だが、増備車である23～27は9枚窓の車体にWH-12Aとなり、さらに28と29に至っては横浜電鉄の標準モーターとなるGE-52A（20.14kW／500V）×2を初採用、台車もマウンテンギブソンを使用する異端児であった。制御器はGE-B-18F、WH-211、DBI-K14の3種が確認されるが、製造時、各車がどれを搭載していたかは資料が残されていない。

　横浜電鉄が製造した車ではこの28輛のみ吹きさらしのオープンデッキであったが、1918（大正7）年2月13日認可でベスチビュール化されている。また、時期は

1形5。このグループからは側窓が9枚となり、モーターもウエスチングハウス製からウォーカー製に変更されている。　P：高松吉太郎

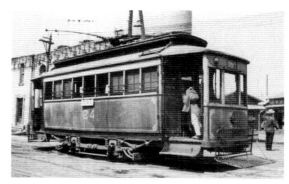

弘明寺行のサボを下げた1形24。23～24は9枚窓ではあるが、モーターが再びウエスチングハウス製となった。　P：高松吉太郎

本牧線が開通して31形32がトンネルから顔を出す。この路線が開通するまでは写真の左側にある桜道という坂を行き来していた。電車の開通は住民にとっては朗報であった。
1911.12 桜道下（後の麦田町）　高松吉太郎所蔵『新線路写真帳』より

不明だが車体は通常の短冊張の縦羽目に改造され、台車や機器の交換や振替も盛んに行われた。このグループで震災を潜り抜けたのは9輛のみで、残存車も1930（昭和5）年までに廃車されている。

■31形31〜35
40名乗の四輪単車。統計から判断すると1910（明治43）年製で、製造は天野工場とされる。基本的な寸法は9枚窓の1形と変わりないが、本車以降の車輛は94形を除きベスチビュール付となる。台車はブリル21E。モーターは長谷川弘和氏の調査[6]によるとGE製27馬力とあるのでGE-52Aと考えられる。

本グループは震災で全滅しており、確実な一次資料も見出せない。

31形31。この車輛は本牧線などの開通に備えて増備したものであるが、関東大震災で5輛すべてが焼失してしまった。　　P：高松吉太郎

羽衣町のSカーブを走る36形38。小泉洋服店は現在の太陽生命ビル（みずほ銀行横浜中央支店）付近である。　　高松吉太郎所蔵『新線路写真帳』より

新吉田川沿いに建設された羽衣町線を36形46が走る。センターポールが並んだ軌道が美しい。　　横浜橋　高松吉太郎所蔵『新線路写真帳』より

## ■36形36～93、106、107

　1911（明治44）年より大日本軌道（雨宮）および自社工場で製作された40（20）名乗の四輪単車。窓配置Ｖ８Ｖ、幕板が嵌殺しの明り窓になった独特の形態で、当初は側面二段絞りの車体でベスチビュール幕板部にもガラスが嵌められていた。また本車より特許条件が緩和され、在来車と比較して車体長が610mm延長され8230mmとなった。製造は数次にわたり、モーターは車によってＷＨ-12Ａ（18.65kW／500Ｖ）×２かＧＥ-52Ａ（20.14kW／500Ｖ）×２の両方が存在する。制御器は基本的にＧＥ-Ｂ-18であるが、モーターともども後年に換装されたものが存在する。台車は63までがブリル21Ｅ、64～93がマウンテンギブソンを履く。

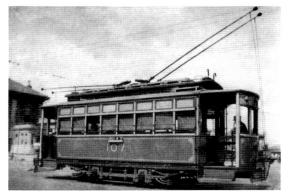

36形107は94形が登場した後に自社工場で追加した変形車。ポールが前後に付いていることがオリジナルの36形との差異。　Ｐ：高松吉太郎

　震災前の横浜の代表車で、その日本離れしたデザインの車体を絵葉書や古写真に多く残している。しかし、正面のガラスの幕板は尾灯の設置に伴い通常型となり、側面もやがて通常の短冊張の縦羽目に更新された。94形購入後の1920（大正９）年に自社工場で更新車に準じた姿で２輌が追加製造されているが、これについては台車がブリル21Ｅに戻り、ポールも前後２組の設置に変更された。

　約半数が震災で失われているが、焼け残った車も大正14年以降は急激に廃車が進み、公的には1932（昭和７）年の90が最後の廃車となっている。ただし、廃車後も62と68は臨時改造の種車として残されたが、これについては次章200形の項で触れる。また、75と76は1922（大正11）年に手荷物電車に改造されているが、これについても後述する。

36形66。横浜電鉄時代に最も多く製造された代表的な車輌である。写真は尾灯を設置した後の姿である。　1923年頃　花咲橋　所蔵：高松吉太郎

■94形94〜105

　1915（大正4）年に登場した40名乗の四輪単車。書類上は新造の扱いとされているが、東京市の〝ヨト〟1形を購入したもので、臼井茂信、服部孝次郎両氏によれば221〜227、232〜237を購入したものとされる[7]。車体は10枚窓で、購入時はオープンデッキであった。当初、大正天皇の御大典に伴う旅客増加を見越して2輌が購入されたものであるが、路線の延伸にともない1919（大正8）年と翌年に追加で購入されて合計12輌のグループとなる。

　機器は東京市電時代のまま使用されており、モーターはDK-25A（18.65kW／500V）×2、制御器はGE-B-18を使用する。台車はペックハムだが、廃車時の資料では98と104がブリル21Eを履く。この両車はモーターもそれぞれWH-12A（18.65kW／500V）×2およびウォーカー33S（18.65kW／500V）×2となっていることから、恐らく購入後に振り替えられた結果であろう。

　ベスチビュール付に更新されるも震災で約半数を失い、生き残った車も1925（大正14）年11月14日に一斉に廃車された。

■111形111〜120

　1920（大正9）年10月21日認可で梅鉢鉄工所で製作された四輪単車。車体は8686mmに延長され、これに伴い窓配置はV9Vとなり定員も46（22）名に拡大した。また、この車から設計が大幅に変更となり、車体端面デッキ部が絞られ、屋根モニター部端面がデッキ部へ円弧でつながる一般的なダブルルーフ形状に変更された。さらに106と107が採用した前後ポールも継承され、これにより400形まで継承される基本的なデザインが確立されている。モーター出力は強化され東洋TDK-10A（22.38kW／500V）×2となり、制御器はDBI-K14を使用する。台車はブリル21Eである。

　これも震災で半数を失うが、焼け残った車は1927（昭和2）年6月18日認可で杉田線運行用にシングルポール対応として、帰線用特殊フックが設置されるなど200形に伍して使用される。112、114、115は横浜電鉄引継車としては最後まで使用され、淘汰は1937（昭和12）年3月2日であった。ただし、廃車後も120は臨時改造の種車として残されるが、これについては次章200形の項で触れる。

■121形121〜130

　市営後の1921（大正10）年に車輌不足を補うため、東京市電の〝ヨシ〟251形のうち517〜519、602〜606、608、612を購入したもの。臼井茂信氏によれば1921（大正10）年6月13日に譲受とされる[8]。車体窓配置はV8V。東京時代はオープンデッキであったが、購入にあたってベスチビュールに改造されている。機器は東京市時代のまま使用されており、モーターはDK-25A（18.65kW／500V）×2、制御器はDBI-K14を使用する。台車はペックハムであった。震災では3輌を失ったのみに止まるが、元が東京市街鉄道出身の老朽車であることから1927（昭和2）年までに全廃となっている。

■131形131〜150

　1922（大正11）年1月10日認可で枝光鉄工所で製作された四輪単車。111形とほぼ同一の窓配置V9Vの車体であるが、外見上はエンドシル部の台枠が露出している点が異なる。ただし、両形式の本質的な差異は、本形式から1形以来の車体幅が見直され、2223mmに拡幅された点にある。モーターはGE-265B（21.34kW／500V）×2、制御器はGE-B-18Fを使用。台車はブリ

94形105。元東京市電のヨト1形を譲り受けたもので、後に電動貨車8の種車となる。　1920年頃　桜木町駅前　絵葉書より　所蔵：高松吉太郎

131形140。市営後の1922年に枝光鉄工所で製造。震災により20輌中13輌が失われたが1937年まで残ったものもある。　桜木町　所蔵：荻原二郎

94形94。前面がベスチビュール化された後の姿でⅠ形と似たような形状となった。　　　　1922.8　桜道下（後の麦田町）　P：高松吉太郎

ル21Eを履く。

　本形式は震災で13輌も失われたが、200形とは全く同形の車輌であることから、生き延びた車は111形と共に1937（昭和12）年3月に淘汰されるまで使用されている。

121形125。車輌不足のため東京市電のヨシ形を購入したものだが、1927年までに10輌とも廃車となった。　　　1922年頃　花咲橋　P：高松吉太郎

## 表3　在来車廃車表

| 番号 | 製造 | モーター | 制御器 | 台車 | 震災 | 廃車 | 備考 |
|---|---|---|---|---|---|---|---|
| 1 | 豊岡工場 | | | | 焼失 | | 無蓋客車 |
| 2 | 天沼工場 | | | | 焼失 | | 無蓋客車 |
| 3 | 東京車輛 | WH12-A | DBI-K-14 | ブリル21E | | 大正14.11.14 | |
| 4 | 東京車輛 | WH12-A | GE-B18-F | ブリル21E | | 大正11.2.10 | →無蓋7 |
| 5 | 東京車輛 | | | | 大破 | | 無蓋客車 |
| 6 | 東京車輛 | | | | 焼失 | | |
| 8 | 東京車輛 | | | | 焼失 | | |
| 9 | 東京車輛 | | | | 焼失 | | |
| 10 | 東京車輛 | | | | 大破 | | 無蓋客車 |
| 11 | 東京車輛 | | | | 大破 | | |
| 12 | 東京車輛 | | | | 焼失 | | |
| 13 | 東京車輛 | | | | 焼失 | | |
| 14 | 天沼工場 | ウォーカー33S | DBI-K-14 | ブリル21E | | 昭和3.3.31 | |
| 15 | 天沼工場 | WH12-A | WH-211 | ブリル21E | | 昭和5.1.13 | |
| 16 | 天沼工場 | | | | 焼失 | | |
| 17 | 天沼工場 | | | | 焼失 | | |
| 18 | 天沼工場 | ウォーカー33S | DBI-K-14 | ブリル21E | | 昭和2.7.9 | |
| 19 | 天沼工場 | | | | 焼失 | | |
| 20 | 天沼工場 | | | | 焼失 | | |
| 21 | 天沼工場 | ウォーカー33S | GE-B18-F | ブリル21E | | 大正14.11.14 | |
| 22 | 天沼工場 | ウォーカー33S | DBI-K-14 | ブリル21E | | 昭和2.7.9 | |
| 23 | 東京車輛 | WH12-A | WH-211 | ブリル21E | | 昭和5.1.13 | |
| 24 | 東京車輛 | WH12-A | DBI-K-14 | ブリル21E | | 大正14.11.14 | |
| 25 | 東京車輛 | | | | 焼失 | | |
| 26 | 東京車輛 | | | | 焼失 | | |
| 27 | 東京車輛 | | | | 焼失 | | |
| 28 | 東京車輛 | | | | 焼失 | | |
| 29 | 東京車輛 | | | | 焼失 | | |
| 31 | 天野工場 | | | | 大破 | | |
| 32 | 天野工場 | | | | 焼失 | | |
| 33 | 天野工場 | | | | 焼失 | | |
| 34 | 天野工場 | | | | 焼失 | | |
| 35 | 天野工場 | | | | 焼失 | | |
| 36 | 自社 | | | | 大破 | | |
| 37 | 大日本軌道 | | | | 焼失 | | |
| 38 | 大日本軌道 | GE52-A | DBI-K-14 | ブリル21E | | 昭和2.7.9 | |
| 39 | 大日本軌道 | | | | 焼失 | | |
| 40 | 大日本軌道 | | | | 大破 | | |
| 41 | 大日本軌道 | | | | 大破 | | |
| 42 | 大日本軌道 | | | | 大破 | | |
| 43 | 大日本軌道 | GE52-A | GE-B18-F | ブリル21E | | 昭和5.1.13 | |
| 44 | 大日本軌道 | | | | 大破 | | |
| 45 | 大日本軌道 | | | | 大破 | | |
| 46 | 大日本軌道 | WH12-A | GE-B18-F | ブリル21E | | 大正14.11.14 | |
| 47 | 大日本軌道 | GE52-A | GE-B18-F | ブリル21E | | 昭和2.7.9 | |
| 48 | 大日本軌道 | GE52-A | GE-B18-F | ブリル21E | | 昭和5.1.13 | |
| 49 | 大日本軌道 | | | | 焼失 | | |
| 50 | 大日本軌道 | GE52-A | GE-B18-F | ブリル21E | | 昭和5.1.13 | |
| 51 | 大日本軌道 | | | | 焼失 | | |
| 52 | 大日本軌道 | | | | 焼失 | | |
| 53 | 大日本軌道 | | | | 焼失 | | 無蓋客車 |
| 54 | 大日本軌道 | GE52-A | GE-B18-F | ブリル21E | | 大正14.11.14 | |
| 55 | 大日本軌道 | GE52-A | GE-B18-F | ブリル21E | | 昭和3.3.31 | |
| 56 | 大日本軌道 | | | | 焼失 | | 無蓋客車 |
| 57 | 大日本軌道 | | | | 焼失 | | 無蓋客車 |
| 58 | 大日本軌道 | | | | 焼失 | | 無蓋客車 |
| 59 | 大日本軌道 | ウォーカー33S | GE-B18-F | ブリル21E | | 昭和3.3.31 | 無蓋客車 |
| 60 | 大日本軌道 | | | | 大破 | | 無蓋客車 |
| 61 | 大日本軌道 | | | | 焼失 | | 無蓋客車 |
| 62 | 大日本軌道 | GE52-A | GE-B18-F | ブリル21E | | 昭和5.1.13 | |
| 63 | 大日本軌道 | | | | 焼失 | | 無蓋客車 |
| 64 | 大日本軌道 | | | | 焼失 | | 無蓋客車 |
| 65 | 大日本軌道 | GE52-A | DBI-K-14 | マウンテンギブソン | | 大正14.11.14 | |
| 66 | 大日本軌道 | GE52-A | GE-B18-F | マウンテンギブソン | | 昭和2.7.9 | |
| 67 | 大日本軌道 | GE52-A | GE-B18-F | マウンテンギブソン | | 大正14.11.14 | |
| 68 | 大日本軌道 | GE52-A | GE-B18-F | ブリル21E | | 昭和5.1.13 | |
| 69 | 大日本軌道 | GE52-A | GE-B18-F | マウンテンギブソン | | 大正14.11.14 | |
| 70 | 大日本軌道 | GE52-A | GE-B18-F | マウンテンギブソン | | 昭和3.3.31 | |
| 71 | 大日本軌道 | | | | 焼失 | | 無蓋客車 |
| 72 | 大日本軌道 | GE52-A | GE-B18-F | マウンテンギブソン | | 昭和2.7.9 | |
| 73 | 大日本軌道 | | | | 焼失 | | 無蓋客車 |
| 74 | 大日本軌道 | GE52-A | GE-B18-F | マウンテンギブソン | | 大正14.11.14 | |

| 番号 | 製造 | モーター | 制御器 | 台車 | 震災 | 廃車 | 備考 |
|---|---|---|---|---|---|---|---|
| 75 | 大日本軌道 | GE52-A | GE-B18-F | マウンテンギブソン |  | 昭和 4. 9.21 | 手荷物車化 |
| 76 | 大日本軌道 | GE52-A | GE-B18-F | マウンテンギブソン | 焼失 | 昭和 4. 9.21 | 手荷物車化 |
| 77 | 大日本軌道 | GE52-A | GE-B18-F | マウンテンギブソン |  | 昭和 2. 7. 9 |  |
| 78 | 大日本軌道 |  |  |  | 焼失 |  |  |
| 79 | 大日本軌道 |  |  |  | 焼失 |  |  |
| 80 | 大日本軌道 | GE52-A | GE-B18-F | マウンテンギブソン |  | 大正14.11.14 |  |
| 81 | 大日本軌道 |  |  |  | 焼失 |  |  |
| 82 | 大日本軌道 |  |  |  | 焼失 |  |  |
| 83 | 大日本軌道 |  |  |  | 焼失 |  |  |
| 84 | 大日本軌道 | GE52-A | GE-B18-F | マウンテンギブソン |  | 大正14.11.14 |  |
| 85 | 大日本軌道 |  |  |  | 焼失 |  |  |
| 86 | 大日本軌道 | GE52-A | GE-B18-F | マウンテンギブソン |  | 昭和 2. 7. 9 |  |
| 87 | 大日本軌道 |  |  |  | 焼失 |  |  |
| 88 | 大日本軌道 |  |  |  | 焼失 |  |  |
| 89 | 大日本軌道 | GE52-A | GE-B18-F | ブリル21E |  | 昭和 5. 1.13 |  |
| 90 | 大日本軌道 | GE52-A | GE-B18-F | マウンテンギブソン |  | 昭和 7. 3.22 |  |
| 91 | 大日本軌道 |  |  |  | 焼失 |  |  |
| 92 | 大日本軌道 |  |  |  | 焼失 |  |  |
| 93 | 大日本軌道 |  |  |  | 焼失 |  |  |
| 94 | (東京市ヨト) | DK25-A | GE-B18-F | ペックハム |  | 大正14.11.14 |  |
| 95 | (東京市ヨト) | DK25-A | GE-B18-F | ペックハム |  | 大正14.11.14 |  |
| 96 | (東京市ヨト) |  |  |  | 焼失 |  | 無蓋客車 |
| 97 | (東京市ヨト) | DK25-A | GE-B18-F | ペックハム |  | 大正14.11.14 |  |
| 98 | (東京市ヨト) | WH12-A | GE-B18-F | ブリル21E |  | 大正14.11.14 |  |
| 99 | (東京市ヨト) |  |  |  | 焼失 |  |  |
| 100 | (東京市ヨト) | DK25-A | GE-B18-F | ペックハム |  | 大正14.11.14 |  |
| 101 | (東京市ヨト) |  |  |  | 焼失 |  |  |
| 102 | (東京市ヨト) |  |  |  | 焼失 |  |  |
| 103 | (東京市ヨト) |  |  |  | 大破 |  |  |
| 104 | (東京市ヨト) | ウォーカー33S | GE-B18-F | ブリル21E |  | 大正14.11.14 |  |
| 105 | (東京市ヨト) | DK25-A | GE-B18-F | ペックハム |  | 大正12. 6. 8 | →無蓋8 |
| 106 | 自社 |  |  |  | 焼失 |  |  |
| 107 | 自社 |  |  |  | 焼失 |  |  |
| 111 | 梅鉢鉄工所 | TDK10-A | DBI-K-14 | ブリル21E | 焼失 |  | 無蓋客車 |
| 112 | 梅鉢鉄工所 | TDK10-A | DBI-K-14 | ブリル21E |  | 昭和12. 3. 2 |  |
| 113 | 梅鉢鉄工所 | TDK10-A | DBI-K-14 | ブリル21E | 焼失 |  | 無蓋客車 |
| 114 | 梅鉢鉄工所 | TDK10-A | DBI-K-14 | ブリル21E |  | 昭和12. 3. 2 |  |
| 115 | 梅鉢鉄工所 | TDK10-A | DBI-K-14 | ブリル21E |  | 昭和12. 3. 2 |  |
| 116 | 梅鉢鉄工所 | TDK10-A | DBI-K-14 | ブリル21E |  | 昭和 8.12.22 |  |
| 117 | 梅鉢鉄工所 | TDK10-A | DBI-K-14 | ブリル21E | 焼失 |  |  |
| 118 | 梅鉢鉄工所 | TDK10-A | DBI-K-14 | ブリル21E | 焼失 |  |  |
| 119 | 梅鉢鉄工所 | TDK10-A | DBI-K-14 | ブリル21E | 焼失 |  |  |
| 120 | 梅鉢鉄工所 | TDK10-A | DBI-K-14 | ブリル21E |  | 昭和 8.12.22 |  |
| 121 | (東京市ヨシ) |  |  |  | 焼失 |  |  |
| 122 | (東京市ヨシ) | DK25-A | DBI-K-14 | ペックハム |  | 昭和 2. 7. 9 |  |
| 123 | (東京市ヨシ) |  |  |  |  |  |  |
| 124 | (東京市ヨシ) | DK25-A | DBI-K-14 | ペックハム |  | 大正14.11.14 |  |
| 125 | (東京市ヨシ) | DK25-A | DBI-K-14 | ペックハム |  | 昭和 2. 7. 9 |  |
| 126 | (東京市ヨシ) | DK25-A | DBI-K-14 | ペックハム |  | 昭和 2. 7. 9 |  |
| 127 | (東京市ヨシ) | DK25-A | DBI-K-14 | ペックハム |  | 大正14.11.14 |  |
| 128 | (東京市ヨシ) | DK25-A | DBI-K-14 | ペックハム |  | 昭和 2. 7. 9 |  |
| 129 | (東京市ヨシ) |  |  |  | 焼失 |  |  |
| 130 | (東京市ヨシ) | DK25-A | DBI-K-14 | ペックハム |  | 大正14.11.14 |  |
| 131 | 枝光鉄工所 | GE265-B | GE-B18-F | ブリル21E | 大破 |  | 無蓋客車 |
| 132 | 枝光鉄工所 | GE265-B | GE-B18-F | ブリル21E |  | 昭和12. 3. 2 |  |
| 133 | 枝光鉄工所 | GE265-B | GE-B18-F | ブリル21E | 焼失 |  |  |
| 134 | 枝光鉄工所 | GE265-B | GE-B18-F | ブリル21E | 焼失 |  |  |
| 135 | 枝光鉄工所 | GE265-B | GE-B18-F | ブリル21E |  | 昭和 8.12.22 |  |
| 136 | 枝光鉄工所 | GE265-B | GE-B18-F | ブリル21E | 焼失 |  |  |
| 137 | 枝光鉄工所 | GE265-B | GE-B18-F | ブリル21E |  | 昭和 7.12.27 |  |
| 138 | 枝光鉄工所 | GE265-B | GE-B18-F | ブリル21E |  |  |  |
| 139 | 枝光鉄工所 | GE265-B | GE-B18-F | ブリル21E | 焼失 |  |  |
| 140 | 枝光鉄工所 | GE265-B | GE-B18-F | ブリル21E | 焼失 |  |  |
| 141 | 枝光鉄工所 | GE265-B | GE-B18-F | ブリル21E |  | 昭和 7.12.27 |  |
| 142 | 枝光鉄工所 | GE265-B | GE-B18-F | ブリル21E | 焼失 |  |  |
| 143 | 枝光鉄工所 | GE265-B | GE-B18-F | ブリル21E | 焼失 |  |  |
| 144 | 枝光鉄工所 | GE265-B | GE-B18-F | ブリル21E | 焼失 |  |  |
| 145 | 枝光鉄工所 | GE265-B | GE-B18-F | ブリル21E |  | 昭和 8.12.22 |  |
| 146 | 枝光鉄工所 | GE265-B | GE-B18-F | ブリル21E | 焼失 |  |  |
| 147 | 枝光鉄工所 | GE265-B | GE-B18-F | ブリル21E | 焼失 |  |  |
| 148 | 枝光鉄工所 | GE265-B | GE-B18-F | ブリル21E | 焼失 |  |  |
| 149 | 枝光鉄工所 | GE265-B | GE-B18-F | ブリル21E |  | 昭和12. 3. 2 |  |
| 150 | 枝光鉄工所 | GE265-B | GE-B18-F | ブリル21E |  | 昭和12. 3. 2 |  |

出典:「鉄道省文書」より作成。ただし製造データと震災罹災情報は長谷川弘和「横浜市電物語」その1及びその3
　　『鉄道ファン』No.136（1972.7）No.138（1972.9）による

珍しい路面電車の荷物車である。本牧方面から商いに向かう行商人のための手荷物車で36形のうち2輛を改造した。写真の76は震災のため焼失するが旧番号のまま復活する。しかし、人道トンネル（現、山手第2トンネル）が開通すると1929年までに廃車となった。　1922年頃　麦田町　P：高松吉太郎

■手荷物車75、76

　1922（大正11）年10月10日認可で36形のうち2輛を荷物合造車に改造したもので、車号は旧番のまま。定員は22名で荷重1ｔ。荷物車とされるものの、京成電鉄などで見られる行商専用車であり、36形の車体を密閉式にして側窓2窓分の外引戸を設置したものである。また、改造に際して前後ボール化も行われた。

　本車の目的は本牧線を介した山手地区との物資流通にあった。同区間ではすでに貨物輸送が行われていたが、魚菜類など行商人が持ち込む荷物は手荷物として車内に持ち込んでいたものの、ベスチビュール式の電車では乗降時につかえてしまい正常運行に支障が出て

電動貨車8。関東大震災の直前に94形105を改造した。1939年に廃車となり局資料によれば705の種車となった。　1938年頃　滝頭車庫　P：臼井茂信

いた。そこで、車内混雑緩和を狙い住吉町一丁目〜本牧間で試験的に運行を行ったものである。震災により76を焼失するが旧番のまま復旧される。

公的には麦田の電車用トンネルに平行して車道トンネルが貫通したことを理由に1929（昭和4）年9月21日に廃車となったが、その時代には300形以降の密閉車体の車が主力となっていることから、老朽化もあいまって特に本車を運転する必然性が薄れていたこともあろう。

### ■電動貨車1〜8

震災以前に所有していた電動貨車は8輌で、5と6が有蓋車で残り6輌は無蓋車である。

既に述べた通り、横浜電鉄は1911（明治44）年に本牧線で貨物輸送を開始するが、その際に用意されたのが1と2である。荷台中央部にトロリーポール用の鉄柱が立つ3t積の無蓋車で、機器はモーターがウォーカー33S（18.65kW／500V）×2、制御器はWH-211。台車はブリル21Eであった。これは主にキリンビール山手工場から山下町の西ノ橋脇に設置された専用貨物駅までの製品輸送に用いられたが、輸送状況が好調であったことから1914（大正3）年に2輌が増備されている。当初は全車吹きさらしのオープンデッキであったが、2〜4は1922（大正11）年10月2日の認可でベスチビュール化されている。さらに1914（大正3）年には有蓋車の5と6が製造される。荷重は3tでベスチビュール付の縦羽目車体を持つ。荷扉は外吊リの片引戸。機器は1〜4と同一であった。

7と8は1923（大正12）年8月6日の認可で、廃車済の4と105を改造した3t積二枚側の電動無蓋車。正面から見ると凸型のベスチビュールを製造時から持ち、また荷役の便を図るためアメリカのシェパードエレクトリック＆ホイスト社製の電動ホイストを備える。機器は種車から流用されたため、制御器はGE-B-18F、モーターと台車は7がWH-12A（18.65kW／500V）×2とブリル21Eの組み合わせ、8はDK-25A（18.65kW／500V）×2とペックハムの組み合わせであったが、後年7と仕様を統一した。

電動貨車の震災における被害は、有蓋、無蓋とも丁度半数が焼失している。5以外は旧番のまま復旧されるが、震災後、貨物輸送は復活せず、延伸工事をはじめとする事業用に転用された。廃車は1〜3が1930（昭和5）年9月8日、4が1932（昭和7）年9月2日、6が1933（昭和8）年12月22日、8が1939（昭和14）年10月28日。7だけは事業用として存置され戦後を迎えている。

### ■散水車1、2

1911（明治44）年に製作された散水車だが、当初の形態や要目は不明である。1922（大正11）年12月19日認可で更新が行われ、ベスチビュールが設置され、タンクは径1839mm×長2463mmの円筒形タンクに交換され荷重6.32tとなり、モーターもGE-265C（21.34kW／500V）×2に換装されている。制御器はGE-B-18、台車はブリル21Eであるが、これらはそれぞれ原型のままである。

震災では2輌とも無傷で残り市民への緊急給水にも活用された。1925（大正14）年以降に増備された3〜6とともに使用されたが、散水自動車に置き換えられ1929（昭和4）年10月29日に廃車となった。

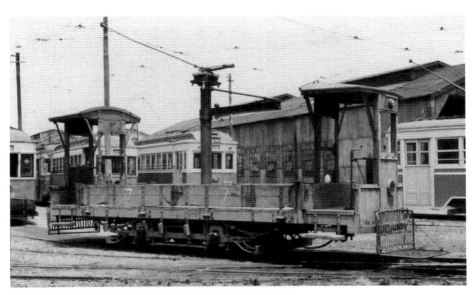

電動貨車7。この車輌は関東大震災の直前に1形4を改造したものだが、事業用車として戦中をくぐり抜けた。
1939年頃　滝頭車庫
P：高松吉太郎

1923年9月1日に発生した関東大震災により、港町である横浜は壊滅的な被害を受けた。水道も大きな被害を受けたが、その際に給水車として大活躍したのが散水車であった。震災から免れた2輛は沿線各地で水を求める市民に歓迎された。公営交通の重責を感じさせる写真である。
所蔵：高松吉太郎

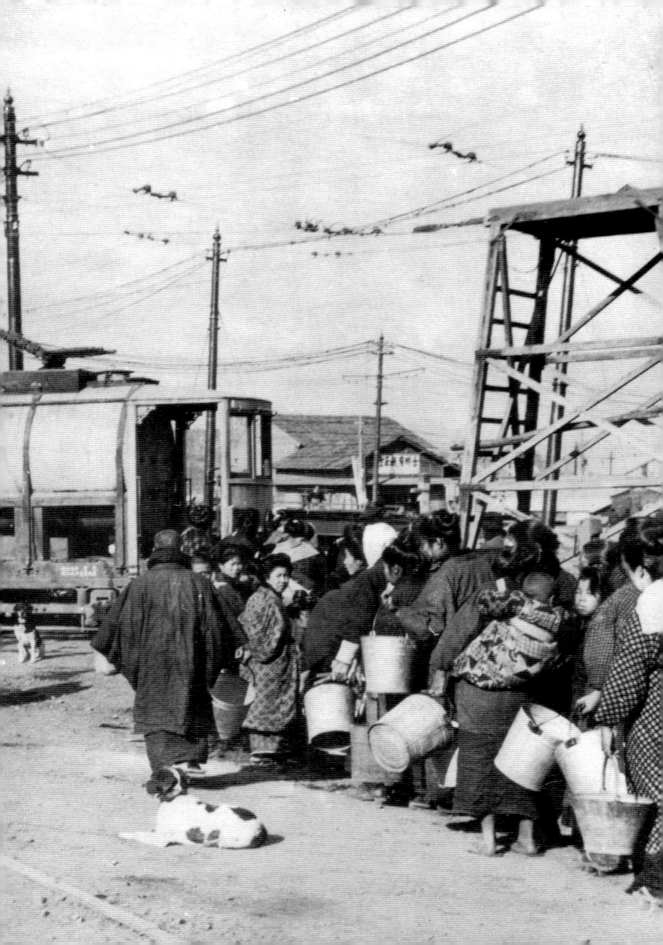

## 関東大震災と復興事業

1923（大正12）年9月1日午前11時58分32秒、相模湾を震源とするマグニチュード7.9の地震が南関東を襲った。後に関東大震災と呼ばれることとなるこの地震は各地に広範な被害をもたらすが、特に横浜は埋立地が多く地盤が脆弱なことから家屋のほとんどが倒壊、続いて襲った火災旋風で市街地の8割が灰燼に帰した。市電についても例外でなく、車庫と変電所はすべて倒壊、特に高島町車庫と変電所2箇所が焼失してしまう。車輌についても在籍車の半数を超える85輌を失った。

幸いにして市電は三線延伸工事の資材を用いて同年10月26日までに全線の運転を再開する。さらに帝都復興計画[9]の一環として大規模な区画整理事業が進展し、図に挙げたように大きく姿を変える。震災復興を都市改造の一環ととらえた横浜市は、区画整理の進展を受けて新たな路線網整備計画を立ち上げ、1926（大正15）年1月6日に図中の太線・太点線で示した23.19kmにわたる新線敷設の特許を受けた。そして、震災以前からの計画であった本牧～間門間が1924（大正13）年に開業したのを皮切りに、急ピッチで路線を延伸し営業距離が倍増する。

ただし、これらの路線は当時の横浜市域の境界に向かって放射状に敷設するもので、市営の本質から他の自治体に建設することは原則として行っていない。唯一の例外は久良岐郡屏風浦村に敷かれた八幡橋～杉田間で、横浜電鉄から計画を引き継いだ逗子線の一部がようやく完成したものである。それとて杉田周辺の市域編入は時間の問題であったため[10]横浜市会も違和感なく建設を承認したが、杉田以遠の建設は市営の本質に悖るとして建設を放棄する方針を固めていた。しかし、横浜電鉄時代にある程度の用地買収が済んでいたため特許だけ保持していたが、幸いにして湘南電気鉄道の計画が浮上したことで1926（大正15）年12月に用地を同社に売却し、1928（昭和3）年5月10日に起業廃止の許可を受けた。高島町の車庫は生麦に移転することとなったが、用地の関係から橘樹郡鶴見町に建設せざるを得なかった。ところが同町も第三次市域拡張で横浜市鶴見区となり、神奈川区との境界に設置した生麦終点は周辺住民にとっては中途半端な位置であったことから、1930（昭和5）年4月12日に車庫までの引込線を営業線に転用した。

## 財政難による事業の停滞

1930（昭和5）年12月28日に道上～保土ヶ谷駅前が

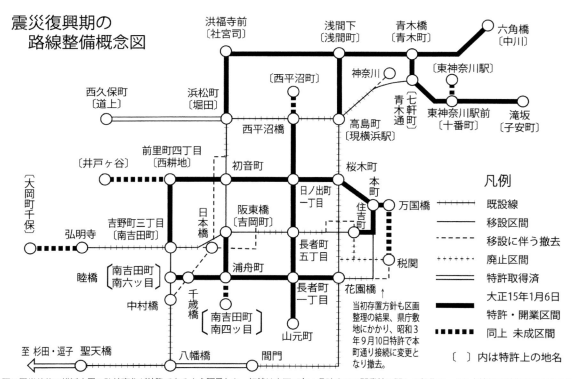

本図は震災前後の横浜市電の路線変化が俯瞰できるよう図示した。細線は大正15年1月までの開業線に関わる部分で、うち点線部は震災前の旧線であるが、復興過程において実線部へと付け替えられた。二重線は震災以前からの特許済計画線。黒太線は復興計画下、大正15年1月6日に特許を受けた区間だが、うち黒点線は計画倒れに終わった区間となる。

半円形の第一銀行横浜支店と、レンガ造りの生糸検査所を背にして、葦名橋に向かう200形228。　　　1939.4　本町4丁目　P：臼井茂信

開業した後は、弘明寺～大岡町千保や前里町四丁目～井土ヶ谷などいくつかの路線計画が凍結されてしまう。その原因は横浜市を襲った深刻な財政難にあった。約2億円を要した横浜の復興事業のうち、ほぼ半額にあたる8000万円はアメリカで発行したドル建て外債で賄われているが、借入当初はレートの都合で約4000万円を返済する予定のものが、世界恐慌で金本位制が崩れ円安になったことにより為替差損が発生し、1940（昭和15）年時点で6113万円もの未償還が発生していたのである。当時の横浜市の予算規模は約1000万円であったが、いくら償還しても債務が膨張してしまい、予算の半額以上を返済に充てても完済の目処が全く立たなかったのである[11]。特に債権に市電の占める割合は約四分の一と突出しており[12]、しかも当初から政府の利子補給の対象外とされていたため、毎年のように電車事業整理公債（赤字公債）を発行する状態に陥っていた。このようなことから市電は真っ先に合理化の対象となり、減車を始めとするあらゆる合理化が推し進められ、労使の対立も激化する。

さらに、昭和期に入ると市電の市内交通における独占的な地位にゆらぎが生じる。この時期の人口拡張は主に新市域の丘陵部に移り、市電の路線網ではこれらの新規需要を上手く吸収できなくなった。大岡地区を拠点とする相武自動車[13]が力をつけはじめるなどバスとの競争にさらされる一方で、湘南電気鉄道と京浜電気鉄道の直通運転開始は市電に甚大な影響を与えた。横浜電鉄以来、市電の大きな役割の一つは京浜電鉄の乗客を市内中心部に誘導することにあったが、この機能は限定的なものとなり、そして従来のドル箱区間であった弘明寺線の乗客転移も発生したのである。

## 焦土と化した横浜

こうした苦境を脱したのは軍需景気で経済が回復基調に入ってからである。折しも東京開港を認める代わりに、米貨公債は政府が面倒を見るとの取引が成立したことで市の財政は好転する。しかし、準戦時体制下で資材が不足し、市電の整備は滞り始めた。乗客が急増する一方で車輌は決定的に不足しており、1940（昭和15）年8月から急行運転を開始するなど輸送力維持に腐心する。そして戦時下に入るとバスの運行が滞り、激化する通勤輸送のため鶴見の工場地帯へ14年ぶりの路線延伸が計画され、第一期として1944（昭和19）年8月10日に生麦～鶴見駅前間が開業する。だが、1945（昭和20）年5月29日、飛来した517機のB-29により横浜の街は焼き尽くされ[14]、ふたたびの焦土のなかで終戦の日を迎えることになった。

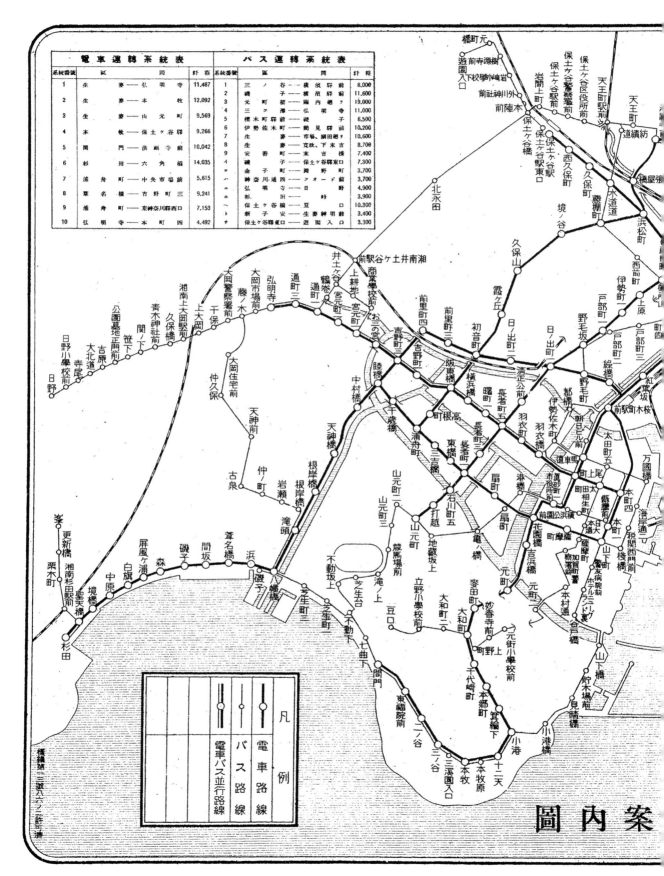

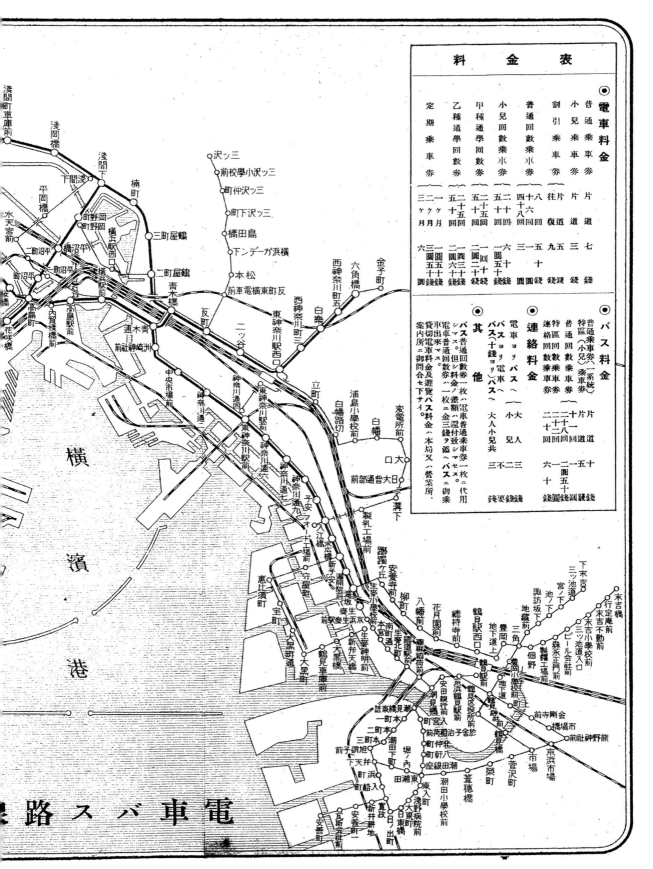

## 市営後から終戦までの車輌の動き

車輌に関して見てみると、この時期は関東大震災を逆手に取った体質改善の時期と言える。京王電軌や大阪市電から車輌を購入することで当座を凌いだ後、300形以降の低床式密閉電車が登場する。これらは当初は焼失車輌の補充として製作されたものだが、やがて在来車の総置換えへと発展し、震災以前に製作された旅客車は1937（昭和12）年3月までに全廃された。しかし、1928（昭和3）年に初のボギー車である1000形が製造されてからは、市の財政難を反映して車輌の整理が進められることになる。輌数は1928（昭和3）年の250輌を頂点に毎年10輌程度が廃車され、1938（昭和13）年には195輌まで減少する。その間に新造された車はわずかに1100形5輌しかなかった。この反動は、戦時期に市電が息を吹き返した際に深刻な輸送力不足となって現れる。1940（昭和15）年時点における車輌数は197輌、総定員19805名であったが、これを1kmあたり平均に直すと4.2輌306名と、六大都市では最低値であった[15]。とりあえず急行運転などダイヤや車輌運用における弥縫策や、座半改造など車輌側の対応で凌ぎつつ車輌増備を模索したものの、資材不足で戦時中に落成した車輌はごくわずかな数に留まる。

ところで、この時期の車輌全般にわたる改造が3つある。まずひとつ目が1929（昭和4）年以降、順次進められたタイヤ車輪化である。当時の軌道建設規程は安定しない軌道状態に伴うタイヤ弛緩を恐れチルド車輪使用を義務付けていた。事業者にとってチルド車輪は車輪径を抑えられるメリットはあったが、偏磨が発生しやすい上に車輪毎交換が必要であったことからあまり経済的なものではなかった。そこで、復興事業で道路舗装が進んだこともあり、安全性を確保出来ると踏んだ市はタイヤ焼嵌式に変更したが、この結果、単

### 表4　昭和6年8月26日　定員変更届

| 番号 | 旧定員 | 新定員 |
|---|---|---|
| 90 | 40 (20) | 50 (22) |
| 112、114〜116、120 | 46 (22) | 50 (24) |
| 132、135、137、141、145、149、150 | 46 (22) | 50 (24) |
| 151、155〜157、159、160、163〜166 | 40 (20) | 50 (26) |
| 167、168、172〜175、177〜179、183〜185、187、189、191 | 40 (20) | 50 (20) |
| 200〜223 | 40 (20) | 50 (22) |
| 224〜228 | 46 (22) | 50 (24) |
| 300〜309、330〜339 | 50 (14) | 60 (14) |
| 340〜380 | 60 (18) | 60 (20) |
| 1000〜1019 | 110 (32) | 120 (32) |

出典：「鉄道省文書」

車については30〜50mm程度の車体高嵩上げとなりステップの調整に迫られた。

また、1931（昭和6）年8月26日届で在籍車の定員査定を表4のように変更している。これは各形式で定員が異なることが操車上の不便をもたらしていたためで、「車輌番号ニ依リ定員ヲ即知シ得ル様」にしたものである。この結果、ベスチビュール単車は50名、密閉車体単車は60名以上、1000形は120名乗と計算が単純化されている。

もうひとつ特記すべきは1931（昭和6）年に行われたシングルポール化で、戦後にずれこんだ他の大都市と比較しても極めて早い。当初は郊外区間の杉田線のみ開業時よりシングルポールであったことから、一部車輌に帰線ポール格納用の特殊フックを屋根に設置したが、横浜の場合は復興事業の恩恵で、全線に渡りガスや水道など地下管の埋設深さが一応安全とされる2mを確保していた。そこで1931（昭和6）年3月17日の認可で全線シングルポールに切り替えられた。なお、張られていた帰線架線は撤去せず、片方が磨耗後に饋電線として使用することで架線の更新費用を節約する意図もあった。

### ■「バラック電車」

震災後は市電の応急的な復旧に努め、1923（大正12）年10月2日に神奈川〜馬車道間より運転を再開する。当初は焼け残った車を運転再開区間に集めて運転していたが、全線の運転再開を前に車輌の不足が顕著になった。当然、補充のため震災直後に車体のみ緊急に発注していたが、完成は12月下旬の見込みであった。そこで、応急措置として罹災車のうち動力部分に損傷がない車を「無蓋客車」として運転することを届け出た。その形態は上半分の車体を持たず側面に背もたれ代わりの柵があり、立席用には平行棒状の枠につけた吊革か、レール方向に通した手スリのどちらかを備える。定員は44（24）名。認可関係は応急的なためか改造届に相当するもので済まされており、1923（大正12）年

バラック電車71。震災後の応急処置としてバラック電車が登場した。一部は有蓋客車に改造したが、これらは翌年には使用中止となったようである。　　　　　　1922年頃　日本橋　所蔵：荻原二郎

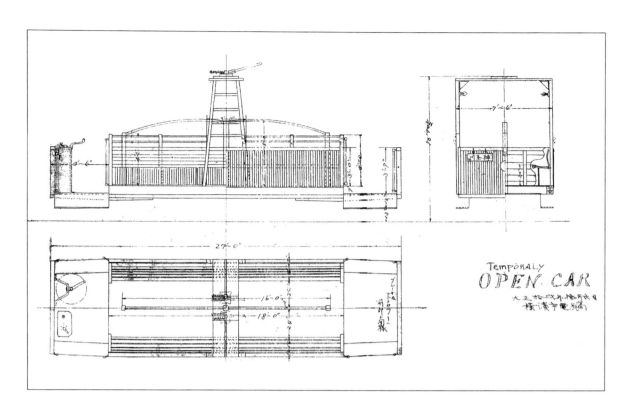

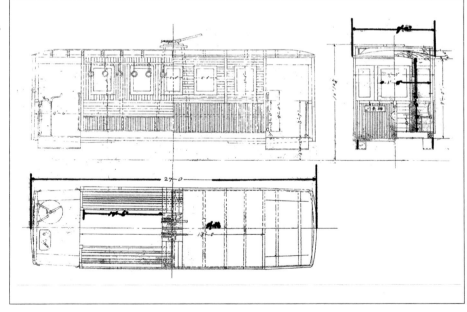

▲▶上の図はTemporary Open Carと記されているとおり、臨時の無蓋客車というべきもの。図では車体中央部に吊革に代わる手すりがあるが、車によっては写真の71のように吊革用のフレームを立てたものもある。下の図は有蓋客車に改造後の姿で、上半分横羽目のいかにも急造の車体が特徴だが、写真は未だに発見されていない。

所蔵：国立公文書館

10月25日使用届で1、2、5、10、53、56〜58、60、61、63、96、131、同年11月15日使用届で64、71、73、111、113の計18輌を投入したが、運転期間が長引き無蓋客車では支障が生じたため、1924（大正13）年2月23日認可で1、2、5、10、53、56〜58、60、63は側面5枚窓の上屋をかけ、定員も40（20）名に減少している。これらの最終的な処分については許認可資料に記載がなく不明であるが、臼井茂信氏によると無蓋客車は1923（大正12）年12月、有蓋客車は翌年1月まで運転していたとされる[16]。しかし、有蓋化認可の時期を勘案すれば、もう少し長く使用されていたのではないだろうか。廃車後、96の車体が野毛山にあった横浜震災記念館[17]に保存されていたが、閉館にともない撤去されている。

29

151形156。震災後の車輌不足を補うために京王電軌から購入した車輌である。156は元京王6で1932年に廃車となった。　　P：高松吉太郎

■151形151～166

　1924（大正13）年7月1日認可で京王電気軌道から購入した40（22）名乗の四輪単車で、旧番は1～12、15～18。京王時代は4形式に分かれ、特に7、8（→157、158）は元東京市電の"ヨソ"821形821、822の後身である。そのため、表5に挙げたようにグループ毎に機器が異なる。京王と横浜市電は軌間が同じであるため手を加えず使用可能であったが、市内線に適応するよう車輪を径838mmタイヤ式から径762mmチルド車輪に交換し、救助網を設置の上で投入されている。後に車体も正面幕板部への尾灯設置など横浜市電の仕様に合わせた改造を行い、1931（昭和6）年に当時の残存車である151、155～157、159、160、163～166の定員を50（26）名に査定し直す。しかし、あくまで応急的な存在の車であることから1925（大正14）年から1932（昭和7）年にかけ廃車されている。

　なお、本車の回送にあたっては京王電軌から東京市電と京浜電鉄をまたいで長躯自力回送された逸話がある。詳細については出崎宏氏「横浜へ自力で走行していった京王1形」『鉄道ピクトリアル』№734京王電鉄特集（2003.7増）を参照して頂きたい。

■167形167～191

　1924（大正13）年7月1日認可で大阪市電から購入した40（20）名乗の四輪単車で、許認可資料によれば旧番は11～35[18]。1908（明治41）年来、220輌が製造された大阪市電の標準型であった。大阪から購入したのは車体のみで、台車、電気品、その他各種部品は罹災品を修理の上で搭載した。その際、モーターはGE-52A（20.14kW／500V）×2、GE-B18制御器とブリル21E台車で統一されている。

　本車は当初、古典的な二段絞リを持つV8Vの車体を持ち、また正面幕板部にガラスの入る大阪仕様のままであったが、順次、車体は短冊張の縦羽目に改造され、正面も方向幕と標識灯が設置された。1931（昭和6）年には既廃車の169～171、176、180～182、186、

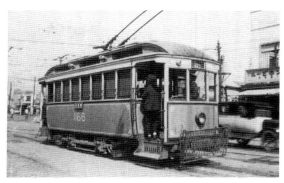

151形166。元京王電軌の18。京王の電車は出入台の上部が丸く欠き取られていた。　1924年頃　馬車道　P：安藤一男（所蔵：荻原二郎）

▶167形173。大阪市電から車体を購入して台車などは罹災品を使用して組み立てた車輛である。写真は尾灯を幕板に取り付けた後のものである。撮影した場所は馬車道にあった鶴屋呉服店の前で、一階部分が食堂となっていたことがわかる。この付近は1928年に大規模な路線移設が行なわれている。　1924年　馬車道
P：安藤一男
（所蔵：荻原二郎）

▼167形176。こちらは大阪市電の雰囲気を残している。尾灯の取り付け改造を行なう前のため、幕板部分にはガラスが嵌められている。
1924年頃　馬車道
P：安藤一男
（所蔵：荻原二郎）

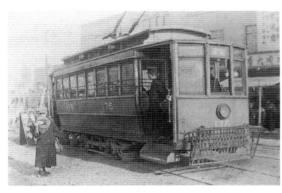

188、190以外の定員を50（20）名に査定し直している。しかし、151形同様、応急的な存在であったことから1925（大正14）年から1932（昭和7）年にかけ淘汰されている。

■200形200～228

1924（大正13）年3月20日認可で製造された四輪単車。震災直後に藤永田造船所および局工場で131形と同形の車体のみを製造し、これに焼損部品を組み合わせた震災復旧車である。おおまかに見ると200～223と224～228に分けられ、両者は本来別形式にしても良い位に異なる。本節は仮に前者を前期型、後者を後期型とするが、登場は同時である。

前期型のうち215までが藤永田、216～223が局工場製である。車体はV8Vで1931（昭和6）年の再査定以前の定員は40（20）名。モーターはGE-52A（20.14kW／500V）×2、制御器は214までがEE製DBI-K14、215以降は三菱KR-8を再生して搭載する。台車は許認可資

表5　151・167形廃車表

| 番号 | 種車 | モーター | 制御器 | 台車 | 廃車 |
|---|---|---|---|---|---|
| 151 | 京王1 | DK-10 | DBI-K-14 | ブリル21E | 昭和7.3.22 |
| 152 | 京王2 | DK-10 | DBI-K-14 | ブリル21E | 昭和3.3.31 |
| 153 | 京王3 | DK-10 | DBI-K-14 | ブリル21E | 大正14.11.14 |
| 154 | 京王4 | DK-10 | DBI-K-14 | ブリル21E | 昭和3.3.31 |
| 155 | 京王5 | DK-10 | DBI-K-14 | ブリル21E | 昭和7.3.22 |
| 156 | 京王6 | DK-10 | DBI-K-14 | ブリル21E | 昭和7.3.22 |
| 157 | 京王7 | GE-54 | DBI-K-14 | ブリル21E | 昭和7.6.18 |
| 158 | 京王8 | GE-54 | DBI-K-14 | ブリル21E | 昭和3.3.31 |
| 159 | 京王9 | GE-247D | GE-B-18F | ブリル21E | 昭和7.3.22 |
| 160 | 京王10 | GE-247D | GE-B-18F | ブリル21E | 昭和7.3.22 |
| 161 | 京王11 | GE-52 | DBI-K-14 | ブリル21E | 大正14.11.14 |
| 162 | 京王12 | GE-52 | DBI-K-14 | ブリル21E | 昭和2.7.9 |
| 163 | 京王15 | GE-52 | DBI-K-14 | ブリル21E | 昭和7.3.22 |
| 164 | 京王16 | GE-52 | DBI-K-14 | ブリル21E | 昭和7.3.22 |
| 165 | 京王17 | GE-52 | DBI-K-14 | ブリル21E | 昭和7.6.18 |
| 166 | 京王18 | GE-52 | DBI-K-14 | ブリル21E | 昭和7.3.22 |
| 167 | 大阪市11 | GE-52A | GE-B-18 | ブリル21E | 昭和7.6.18 |
| 168 | 大阪市12 | GE-52A | GE-B-18 | ブリル21E | 昭和7.6.18 |
| 169 | 大阪市13 | GE-52A | GE-B-18 | ブリル21E | 大正14.11.14 |
| 170 | 大阪市14 | GE-52A | GE-B-18 | ブリル21E | 昭和3.3.31 |
| 171 | 大阪市15 | GE-52A | GE-B-18 | ブリル21E | 大正14.11.14 |
| 172 | 大阪市16 | GE-52A | GE-B-18 | ブリル21E | 昭和7.12.27 |
| 173 | 大阪市17 | GE-52A | GE-B-18 | ブリル21E | 昭和7.12.27 |
| 174 | 大阪市18 | GE-52A | GE-B-18 | ブリル21E | 昭和7.3.22 |
| 175 | 大阪市19 | GE-52A | GE-B-18 | ブリル21E | 昭和7.6.18 |
| 176 | 大阪市20 | GE-52A | GE-B-18 | ブリル21E | 大正14.11.14 |
| 177 | 大阪市21 | GE-52A | GE-B-18 | ブリル21E | 昭和7.6.18 |
| 178 | 大阪市22 | GE-52A | GE-B-18 | ブリル21E | 昭和7.6.18 |
| 179 | 大阪市23 | GE-52A | GE-B-18 | ブリル21E | 昭和7.12.27 |
| 180 | 大阪市24 | GE-52A | GE-B-18 | ブリル21E | 昭和2.7.9 |
| 181 | 大阪市25 | GE-52A | GE-B-18 | ブリル21E | 昭和3.3.31 |
| 182 | 大阪市26 | GE-52A | GE-B-18 | ブリル21E | 昭和2.7.9 |
| 183 | 大阪市27 | GE-52A | GE-B-18 | ブリル21E | 昭和7.12.27 |
| 184 | 大阪市28 | GE-52A | GE-B-18 | ブリル21E | 昭和7.6.18 |
| 185 | 大阪市29 | GE-52A | GE-B-18 | ブリル21E | 昭和7.6.18 |
| 186 | 大阪市30 | GE-52A | GE-B-18 | ブリル21E | 昭和3.3.31 |
| 187 | 大阪市31 | GE-52A | GE-B-18 | ブリル21E | 昭和7.12.27 |
| 188 | 大阪市32 | GE-52A | GE-B-18 | ブリル21E | 昭和2.7.9 |
| 189 | 大阪市33 | GE-52A | GE-B-18 | ブリル21E | 昭和7.12.27 |
| 190 | 大阪市34 | GE-52A | GE-B-18 | ブリル21E | 昭和3.3.31 |
| 191 | 大阪市35 | GE-52A | GE-B-18 | ブリル21E | 昭和7.6.18 |

出典：「鉄道省文書」

200形203。震災直後、藤永田造船所に車体だけを発注して、台車などは罹災車のものを使用して組み立てた車輛である。戦前の4系統は本牧から尾上町、高島町を経由して保土ヶ谷駅までを結ぶ路線であった。写真手前の花園橋は1973年に首都高速道路横羽線の建設で埋立てられ廃橋となった。しかし、震災復興のシンボルとして親しまれたことから、橋の親柱は港中学校の門柱として保存されている。

1939.4 花園橋　P：白井茂信

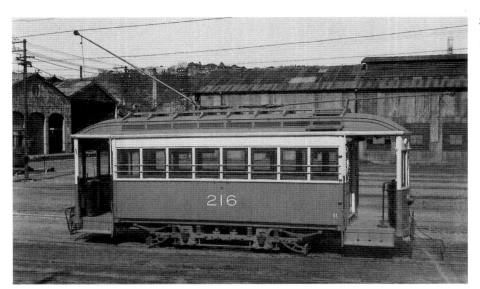

200形216。216〜223は滝頭にある局工場製の車輌であるが、このうち216〜218の台車はマウンテンギブソンを使用していた。
1939年頃　滝頭車庫
P：臼井茂信

料によるとブリル21Eで統一されているが、1940（昭和15）年頃の在籍一覧表によれば216〜218についてはマウンテンギブソンになっている。

後期型は局工場製で窓配置はV 9 Vである。車体も457mm長く、このことから1931（昭和6）年の再査定以前の定員は46（22）名となっている。モーターはDK10-A（22.38kW／500V）×2、制御器は三菱KR-8を再生して搭載した。台車はブリル21Eである。

1925（大正14）年に杉田線が聖天橋まで開通すると、同年11月3日認可で214までがシングルポール対応として帰線用特殊フックが設置される。さらに杉田全通の際にも、1927（昭和2）年6月18日認可で224〜228が追加改造されている。

ところで、本形式は装飾電車の種車に利用されるこ

200形208。藤永田造船所製の車輌であるが、救助網に変わりスノウプラウの様なものを取り付けている。　1939年頃　生麦車庫　P：臼井茂信

とが多かったのも特徴の一つで、再三にわたり花電車や納涼電車に起用されている。ただし、これには裏がある。予め装飾車に充当するため廃車となった62、68、120など数輌の窓枠を撤去した種車を準備しており[19]、必要に応じて現車振替を行っていた。要はベースがベスチビュール付高床車なので、本形式しか振替ようがなかったのである。

1932（昭和7）年に210、211が廃車となったことを皮切りに整理対象となり、1939（昭和14）年以降は700形への更新が進められる。1942（昭和17）年5月22日認可で前期型の残存車201〜205、216〜220、223はモーターを捲き直し出力を25.8kWに増強していたところで戦後を迎えることとなる。

200形225。局工場製で側窓の数が9枚となり車体も長くなっている。このため定員も40名から46名に増えている。
1939年頃　滝頭車庫　P：臼井茂信

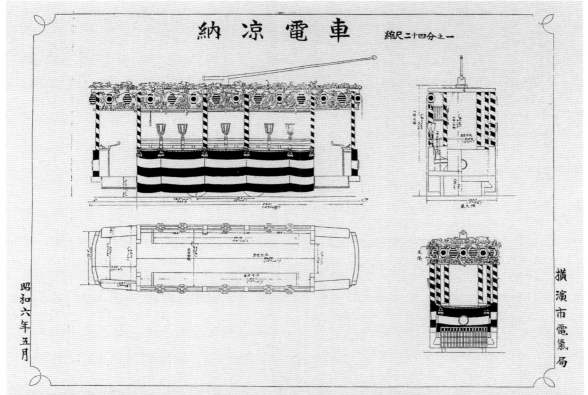

納涼電車の構造図。花電車用の種車を利用するため構造は同一だが、年によりデザインが異なる。図は昭和6年のもの。　　所蔵：国立公文書館

■「納涼電車」

横浜電鉄以来の伝統として夏季には本牧で海の家を経営したが、1931（昭和6）年から経費削減の流れで納涼電車に置き換えられる。その姿は骨組を残した種車を紅白幕などで飾り、提灯や雪洞を立てた花電車のようなもので、阪神国道線や江ノ電の納涼電車が車体の腰板に網を張り通風効果を上げたものであるのに比較すると、余りにも特異なものであった。これを2〜4輌製作の上で、馬車道〜杉田および馬車道〜間門間で運転、車内にはスチュワーデスが添乗し、ラムネやアイスクリーム、果物などを販売したとされる[20]。

運転期間は毎年7月から8月までの二ヶ月間で、許認可からは1931（昭和6）年は201、202、1932（昭和7）年は209、213、1934（昭和9）年は201、207、213、218の名義で運転されたことが確認できる。

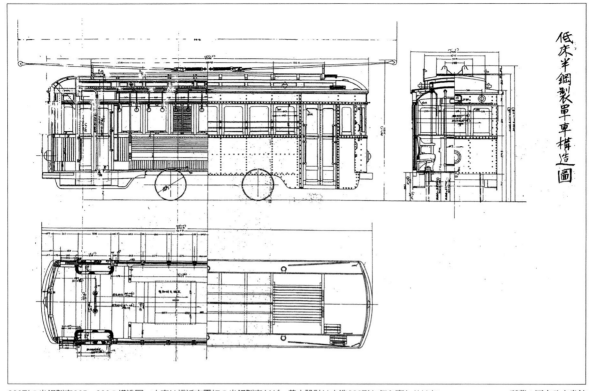

300形の半鋼製車365〜380の構造図。本車は横浜市電初の半鋼製車だが、基本設計は木造300形と何ら変わりはない。　　　所蔵：国立公文書館

■300形300〜380

　1924（大正13）年から1927（昭和2）年まで5次に渡って製造された四輪単車。本形式より全体的な設計が見直され、ドア式の密閉車体を持つ低床車となる。まず300〜309が1924（大正13）年9月30日認可により局工場で製造される。車体は1D7D1で1931（昭和6）年の再査定以前の定員は50（14）名。モーターはGE-256C（25.8kW／600V）×2、制御器は三菱KR-8。台車は軸距1981mmのブリル21Eで当初の車輪径は660mmであった。1925（大正14）年1月31日届で同一仕様の330〜339が日本車輌東京支店で増備される。便宜上、本節ではこれを前期型と呼ぶこととする。

　310〜329は1925（大正14）年8月15日認可により東京瓦斯電気で製造された車輌だが、設計変更点が多く、翌年4月9日の届で400形として独立したため解説はそちらで行う。

　340〜364は1925（大正14）年11月5日認可により東京瓦斯電気で製造されたもので、車体は前期車と同一であるが、車輪径が762mmで当初の定員は60（18）名であった。モーターはGE-52（20.14kW／500V）×2、制御器はGE-B-18。台車は軸距1981mmのブリル21E。本節ではこれを中期型と呼ぶこととする。

　365〜380は1927（昭和2）年7月9日認可により田中車輌で製造されたもので、横浜市電初の半鋼製車である。木造と鋼製の違いはあるが、車体の基本的な仕様は中期車と同一である。モーターは東洋TDK-10A（22.38kW／500V）×2、制御器はGE-B-18。台車はブリル21Eだが軸距が2134mmに拡大された。本節ではこれを後期型と呼ぶこととする。

　本形式に使用のブリル21Eも震災焼失車から転用したものであるが、バーサスペンションとノーズサスペンションが混在するのが特徴で、バーサスペンション車となった前期型と後期型の台車には若干の改造が加えられている。さらに運用開始後、短軸距車の乗り心地の悪さが問題となったことから、1929（昭和4）年9月16日認可で前期型と中期型の軸距が2134mmに延長されている。

　特異車としては1931（昭和6）年12月2日認可で常用電気制動試験車に改造された335が存在する。これは400形以降の空気制動車と比較すると、制動距離の関係

表6　200・300形戦前期廃車一覧　出典：「鉄道省文書」

| 廃車日 | 番号 | 備考 |
|---|---|---|
| 昭和7年12月27日 | 210、211 | |
| 昭和8年12月22日 | 212、301、302、304、308、309 | |
| 昭和12年3月2日 | 209、213、214、335 | |
| 昭和14年3月13日 | 207、208、215 | 701〜703への改造認可 |
| 昭和16年9月12日 | 200、206、221、222 | 706〜709への改造届 |

夏の日差しが眩しい停留場で一休みする359。当時はこの辺りまで来ると避暑地の雰囲気が漂った。　　　　1939年頃　間門　P：臼井茂信

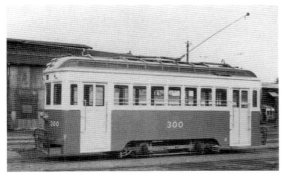

300形300。300〜309は1924年に局工場で製造された車輛で、屋根が幾分深く前面に梯子が付いていた。　　　　滝頭車庫　P：高松吉太郎

300形332。前期型のラストグループである330〜339は、1925年に日本車輛東京支店で製造された。　　　　1939年頃　滝頭車庫　P：臼井茂信

て速度向上が困難であることから、安上がりな対策として抵抗器グリッドを補強して電気制動を分離したDBI-K制御器を制動専用に設置したものである。しかし試験結果は思わしくなく1937（昭和12）年に廃車されてしまった。

　1933（昭和8）年に前期型の一部が廃車されるも大部分は健在で、1942（昭和17）年5月22日認可で中期型の使用するGE-52の老朽化のため、340、341、343、345〜354は捲き直して25.8kWモーターに改造、355〜363はTDK-508/1-A（37kW／600V）に換装を進めていたところで終戦を迎えた。

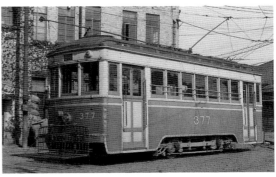

300形377。365〜380は横浜市電として初めて半鋼製車体となった車輛で、製造は田中車輛が請け負った。　　　　1939年頃　滝頭車庫　P：臼井茂信

37

今は埋め立てられてしまった港橋から県庁方面を眺める。300形360の裏手は横浜公園で現在は横浜スタジアムが建てられている。
1939年頃　市役所前　P：白井茂信

賑わいを見せる横浜の中心街。写真の300形327は直ぐに400形417に改番されてしまう。　　　　　　　　　　1924年頃　馬車道　P：杵屋栄二

400形415。横浜市電で初めて空気制動（エアブレーキ）を取り付けた車輛で1966年まで活躍した。　　　　1939年頃　滝頭車庫　P：臼井茂信

400形429。本牧からやって来た4系統が折り返す保土ヶ谷駅。車内には夏服姿で乗務する女性車掌が見える。　　　1939年頃　保土ヶ谷駅　P：臼井茂信

■400形400〜431

　1926（大正15）年に登場した四輪単車。横浜市電で初めて空気制動が設置された形式である。400〜419は前述の通り、当初310〜329として製作されたものが1926（大正15）年4月9日届で独立形式を興したものであるが、車体は1D8D1で他車と比較し610mm長く、定員も70（20）名であった。また、モーターは三菱MB-82L（25.8kW／600V）×2、制御器は三菱KR-8でCPはDH-10を搭載する。台車は空気制動の設置が容易なブリル79E-2で軸距も2591mmある、300形としてはもとより異端なグループであった。420〜431は1926（大正15）年8月17日認可により横浜船渠で製作された増備車で、400〜419とはほぼ同等であるが、座席定員が増え70（22）名となり、機器もモーターと制御器が川崎K6-353-A（25.8kW／600V）×2と川崎Kの組み合わせとなり、CPもDH-16となった。

　400〜409は1926（大正15）年7月24日認可で杉田線直通用にシングルポール対応の帰線用特殊フックが設置される。また、427と428は1929（昭和4）年9月6日認可でパンタグラフ化されているが、これは六角橋まで開業した際、東白楽で東京横浜電鉄との平面交叉を避けるため、東白楽〜六角橋間0.5kmで上記2輌を封じ込んで運用したことによる。当初この運用もポールを使用したが、迅速な折り返しに支障が生じたため改造されたものの、東横電鉄の高架化で孤立線が解消し、本線運用に復帰したことによりポール集電に復元されている。

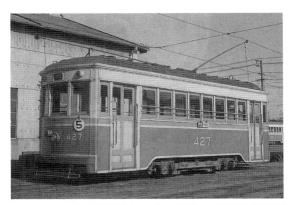

400形427。1926年に横浜船渠（ドック）で増備された車輌で座席定員が増えている。　　　1939年頃　滝頭車庫　P：臼井茂信

紀元2600年を記念して500形にも横断板を取り付けた。写真の車番は不明だが、水切等から瓦斯電、蒲田車とわかる。1940.2 滝頭車庫　P：臼井茂信

■500形500〜559

　1928（昭和3）年3月31日認可で東京瓦斯電気と蒲田車輛、同年6月19日認可で雨宮にてそれぞれ20輛ずつ製造された半鋼製単車。定員は75（22）名で、窓配置1D7D1の丸屋根の低床車であった。車体寸法は全車同一であるが、雨宮車は扉上の水切形状が異なる上に幕板部をはじめ全体的にリベットが少ない等の特徴があり、長谷川弘和氏によれば屋根も深かったとされる[21]。機器についても瓦斯電・蒲田車と雨宮車とで異なり、モーターこそGE-265G（25.8kW／600V）×2と共通だが、制御器とCPは前者が東洋DBI-K-14とGE製CP-27Bであるのに対し、後者は川崎KS-2とWH製DH-16を用いる。台車は全車、軸距2591mmのブリル79E-2。

　横浜市電における戦前の代表車と言える存在で、特記する事も少ないが、1936（昭和11）年8月6日認可で520を用いて住友金属製ゴム入り弾性車輪のテストを行ったことがある。これは車内騒音の軽減を狙ったもので、車内中央天井からマイクロフォンを吊り下げ、日によって普通車輪と履き替え比較試験を行った。しかし、ほとんど効果が認められなかったため不採用に終わっている。

　400形と500形は書類上、全車が終戦を迎えている。

500形552。松林が美しかったこの付近も、戦後は石油コンビナートが立ち並び、高速道路も建設された。　1939年頃　間門　P：臼井茂信

表7　520弾性車輪試験結果　　　　出典：「鉄道省文書」

| 線路状態 | 車輪種類<br>計測区間 | 弾性車輪 km/h | 弾性車輪 db | 普通車輪 km/h | 普通車輪 db |
|---|---|---|---|---|---|
| 交差点 | 吉野町3丁目下り | 15.0 | 81.9 | 17.1 | 80.5 |
|  | 吉野町3丁目上り | 14.7 | 76.7 | 17.3 | 78.6 |
| 舗装平坦線 | 久保町→水道道 | 24.0 | 69.4 | 24.3 | 70.2 |
|  | 水道道→久保町 | 34.9 | 75.1 | 35.3 | 74.9 |
| 無舗装平坦線 | 三の谷→二の谷 | 32.3 | 68.8 | 35.3 | 68.7 |
|  | 二の谷→三の谷 | 34.9 | 69.4 | 35.3 | 69.4 |
| 勾配区間 | 初音町→霞ヶ丘（登り） | 26.2 | 70.0 | 25.0 | 69.9 |
|  | 久保山→境の谷（下り） | 計測漏 | 69.7 | 計測漏 | 72.4 |
| 軌条波状磨耗区間 | 本町四丁目→桜木町 | 33.5 | 70.1 | 33.0 | 70.1 |
|  | 桜木町→本町四丁目 | 33.5 | 66.2 | 33.5 | 68.8 |

注）試験日は弾性車輪が昭和11年8月1日、19日。普通車輪が昭和11年8月21日、22日。天候はすべて晴れ。数値はすべて平均値。

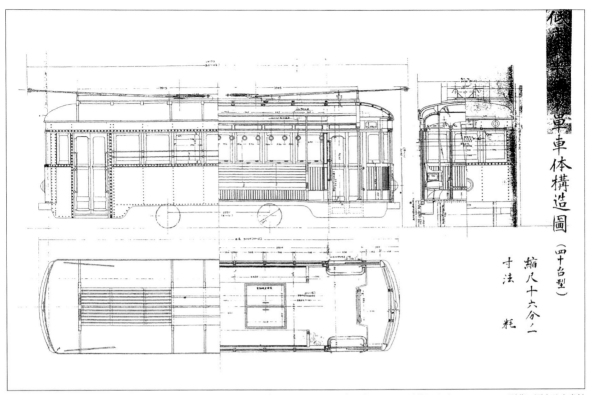

500形の構造図。本図は瓦斯電・蒲田車の図だが雨宮車も同一図面で処理されており、両者の違いは公には判然としない。　　所蔵：国立公文書館

500形538。端正な姿の500形。1934年から上がクリームで下が緑、帯がオレンジと白という複雑なカラーとなった。　　1939年頃　生麦　P：臼井茂信

1000形1008。横浜市電として初めてのボギー車で500形とは兄弟関係にある。この時代の中央扉は左側を固定し、右側を775mm片引戸にしている。
1939年頃　滝頭車庫　P：臼井茂信

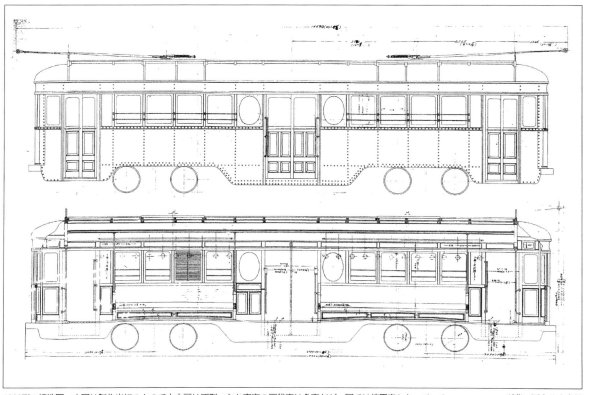

1000形の構造図。本図は製作当初のもので中央扉は原型。なお実車の戸袋窓は角窓だが、図では楕円窓となっている。
所蔵：国立公文書館

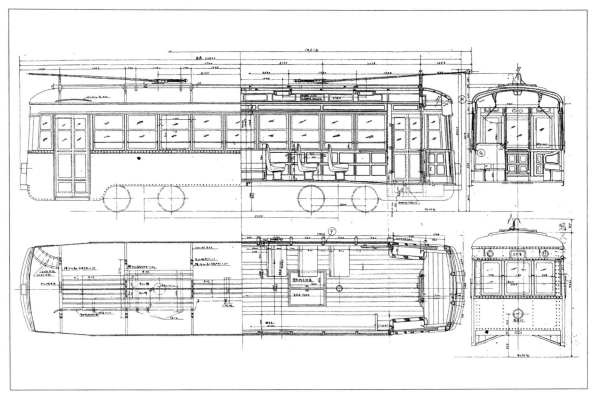

1100形の構造図。特徴的な室内に注目されたい。また、車体上部が1度30分絞られているのもよく分かろう。　　　　　所蔵：国立公文書館

### ■L形（1000形）1000〜1019

　1928（昭和3）年8月15日認可で蒲田車輛と雨宮で10輛ずつ製造された横浜市電初のボギー車。曲線通過時に緩衝するため車体前後を絞っているものの500形とは車体幅が同一で、両形式は兄弟の関係にあたる。当初の定員は110（32）名で窓配置は1D5D5D1。中央扉は大型の二枚引戸で、組立図では中央扉両脇が楕円窓になっているが実際は角窓である。また当初中央扉中央に径32mm真鍮管を手すリとして立ててあった。モーターは三菱MB-172-LR（37kW／600V）×2、制御器は川崎製でCPはGE製CP-27Bである。台車はブリル76E-2を使用する。

　1931（昭和6）年に定員を120（32）名に査定しなおすが、当時の輸送需要においては過ぎた大型車であり、やや持て余された傾向がある。

　1934（昭和9）年に従来、中央扉を入口、両端を出口として使い分けていたものを全扉出入口兼用とするが、この結果、中央扉幅が1330mmでは広すぎて車掌業務に支障が生じ、同年12月20日認可で幅775mm片引戸に縮小、扉中央部の真鍮管も撤去した。戦時期に入ると本車の輸送力が見直され、1941（昭和16）年11月29日届で座半改造、1943（昭和18）年以降、順次中央扉を復元して終戦を迎えている。

### ■M形（1100形）1100〜1104

　1936（昭和11）年12月24日認可で梅鉢車輛が製造した中型ボギー車。

　米貨公債問題で暗黒期にあった時代に新造された唯一の車であるが、その意図は100番代の在来車を含む単車10輛をボギー車5輛で置換え、総車輛数を減らすことにあった。

　車体は当時の流行を取り入れ流線型を加味したデザインで、傾斜した正面が目に付くが、車体断面も腰板より上を軽く絞った形状になっている。定員は95（32）名、窓配置は1D8D1。モーターは東洋TDK-508-A（37kW／600V）×2で制御器は三菱KR-8、CPはDH-16である。台車は汽車LHという組立棒台枠の軽量台車を使用する。

　ところで本車は車内が非常に凝っており、天井灯には六角形のカバーがかけられ、つり革はリコ吊り手であった。そして何よりも点対称集団離反式に三脚ずつ、座角100度のクロスシートを持つセミクロスシート車であるのが特徴で、市はこれをロマンスカーと名づけ乗客誘致につとめている。

　しかし、戦時期に入ると詰め込みが利かないクロスシートが嫌われ、ロングシートのみ残す座半改造が行なわれて終戦を迎えている。

45

大阪府堺市にある梅鉢車輌から輸送されてきた1100形。ちなみに乗ってきた大物車はシ10形であった。　　　1936.12　東横浜　P：臼井茂信

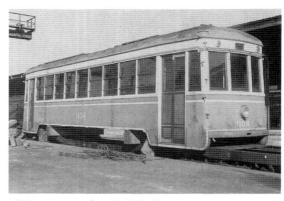
到着後にシートがはずされ陸送準備が始められた。
　　　　　　　　　　　　　　　　1936.12　東横浜　P：臼井茂信

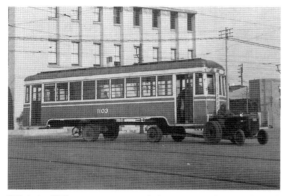
運搬方法は昼間にトラクターにより牽引するもので、交通量の多い現在では考えられない。　　　　　　　　　　1936.12　P：臼井茂信

滝頭に到着後、局工場内で電装工事が実施された。元旦から営業するために徹夜での作業が続いた。　1936.12　局工場　P：臼井茂信

竣功成った1100形。久々の新形式となったことから市民の注目度も高かった。　　　　　　　　　　　　1936.12　滝頭車庫　P：臼井茂信

700形703。200形の部品を流用した車輌で戦後にかけて17輛が改造された。　　　　　　　　　　　　　　　　　　　　　　　　　　1939年頃　本牧三の谷　P：臼井茂信

## ■700形701〜717

　1939（昭和14）年より局工場で順次製造された四輪単車。200形の更新を目的としており、前期型を種車に改造名義で製造された。認可関係と番号対照は1939（昭和14）年3月13日認可で207、208、215→701〜703、1940（昭和15）年2月3日届で1937（昭和12）年に廃車済の209、213、214の部品流用名義で704、705を新造。1941（昭和16）年9月12日届で200、221、222、206→706〜709。他に戦中期に710〜712、戦後に713〜717が落成しているが、戦中戦後混乱期のため許認可資料に不備があり、登場時期や新旧番号対照は不明である。

　車体は窓配置1D6D1で二段窓を使用する軽快なデザインの車であるが、準戦時体制下の物資節約を意識し木造車体で製造されている。定員60（20）名、モーターはGE-52A（20.14kW／500V）×2、制御器はDBI-K14又は三菱KR-8。台車は種車のブリル21Eの軸距を2134mmに拡大して使用した。そのため径838mmの車輪で低床車とすべく非常な苦心が払われ、また、戦前期は空気制動も持たなかった。

　その後、1942（昭和17）年5月22日認可により、モーターをTDK-508/1-A（37kW／600V）に換装を計画していたところで終戦を迎えた。

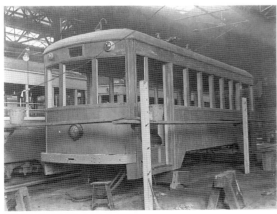

準戦時体制下のため車体は再び木製となっている。当時の車体工作方法がわかる貴重な写真である。　　1939年頃　局工場　P：臼井茂信

700形703の車内。車内も簡素化されているが天井灯は1100形と同じ六角形のカバーが付いたものとなった。　1939年頃　局工場　P：臼井茂信

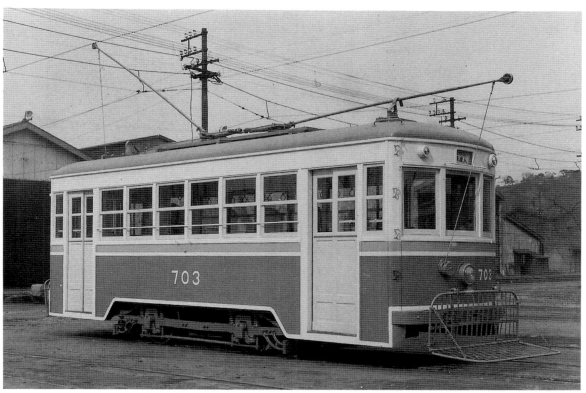

700形703。部品流用車だが全体的に整った印象を受ける。戦後になって空気制動に改造され1967年まで活躍した。　1939年頃　滝頭車庫　P：臼井茂信

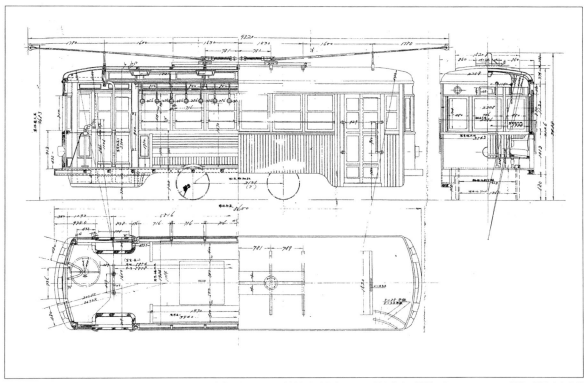

▲700形の構造図。200形の大径車輪を転用しつつも低床車とするため、車輪上端が座席下にめり込む苦心の設計である。　　所蔵：国立公文書館
◀700形701の前面。200形から譲り受けたと思われる救助網が取り付けられ古風な感じになっている。　　1939年頃　滝頭車庫　P：臼井茂信

49

皇紀2600年を記念して登場した2600形。貨物駅から軌道上に運び500形が牽引して滝頭まで運んだ。　　　1942.2.13　高島駅前　P：臼井茂信

■2600形2601〜2605

　1942（昭和17）年6月20日認可で木南車輌で製造されたボギー車。戦前期最後の新造車で、急増する乗客に対応するため定員120（32）名の三扉の大型車となった。車体は木南独特の張り上げ屋根で、窓配置は1D4D4D1。920mm幅の広窓を持つ軽快なノーリベット車であった。モーターは三菱-MB172-LR（37.3kW／600V）×2、制御器は三菱KR-8。台車は大阪市電型に範を採った木南製の鋳鋼製台車KLD13だが、枕バネは板バネを使用する。

　ところで、番号は従来の横浜市電の体系と大きく異なるが、これは皇紀2600年にちなんで1940（昭和15）年に発注されたことに由来する。しかし、資材割当に手間取り、完成まで約1年半を要したのである。

■電動貨車9〜15

　1926（大正15）年3月1日認可により局工場で製造された3t積二枚側の電動無蓋車。同年より新線建設工事が本格化するが、当時は現在のようにトラックが普及しておらず、これらの資材輸送には電動貨車が用いられていた。震災後、貨物輸送は廃止となり、手持ちの電動貨車7輛を総動員して建設工事にあたっていたが、なお不足であったことから製造された。車体は中央部にポール用のやぐらを立てただけで、運転台は吹きさらしのオーブン構造である。

　機器類は1925（大正14）年11月14日に廃車された在来車のうち、DK-25A（18.4kW／500V）×2、GE-B-18制御器、ベックハム台車を転用した。この条件から種車を探すと94、95、97、100、124、127、130が種車に相当するであろう。

　なお、1926（大正15）年7月31日認可で11と12が杉田線直通用に庇状のトロリースタンドと帰線用特殊フックを設置するが、建設工事が一段落したことに伴い、1929（昭和4）年4月22日に全車一斉に廃車された。

■散水車3〜6

　積載量6.32tの散水車。タンクは径1829mm×長2448mmの円筒形で、ポールをはさんで前後にマンホールと注水口が別筒存在する。タンクの固定は帯金と十字に渡したバンド、そして運転台を横木代わりとして鏡板間を鉄棒で結合したものである。モーターと制御器はGE-265C（21.34kW／500V）×2と三菱KR-8の組み合わせ。台車は軸距1829mmのブリル21E。

　路線延伸に伴い3と4が1925（大正14）年7月16日認可で製造され、1928（昭和3）年7月11日届で5と6が増備されるが、速度が遅くダイヤを乱しがちであることから[22]、1929（昭和4）年下半期からトラック5台を購入のうえ散水業務を市土木局に委託することになり、同年10月29日に1、2をあわせて全車一斉に廃車された。

## 横浜市電諸元表（入籍時基準）

| 番号 | 自重 t | 定員 名 | 荷重 t | 最大寸法 長 mm | 幅 mm | 高 mm | BC間距離 mm | 制御装置 | 主電動機 形式 | 出力 kW | 電圧 V | 個数 | 歯車比 | CP | 台車 形式 | 軸距 mm | 輪径 mm | 制動方式 |
|---|---|---|---|---|---|---|---|---|---|---|---|---|---|---|---|---|---|---|
| 111～120 | 7.3 | 46(22) | | 8,687 | 2,134 | 3,302 | | DBI-K-14 | TDK-10A | 22.38 | 500 | 2 | 4.27 | | ブリル21E | 1,981 | 762 | 手・電 |
| 131～150 | 7.3 | 46(22) | | 8,687 | 2,223 | 3,315 | | GE-B-18F | GE-265B | 21.34 | 500 | 2 | 6.14 | | ブリル21E | 1,981 | 762 | 手・電 |
| 151～156 | 8.1 | 40(22) | | 8,027 | 2,286 | 3,378 | | DBI-K-14 | DK-10A | 18.65 | 500 | 2 | 4.26 | | ブリル21E | 1,828 | 762 | 手・電 |
| 157・158 | 8.1 | 40(22) | | 8,027 | 2,286 | 3,378 | | DBI-K-14 | GE-54 | 18.65 | 500 | 2 | 4.78 | | ブリル21E | 1,828 | 762 | 手・電 |
| 159～162 | 8.1 | 40(22) | | 8,027 | 2,286 | 3,378 | | GE-B-18F | GE-247D | 24.62 | 500 | 2 | 4.31 | | ブリル21E | 1,828 | 762 | 手・電 |
| 163～166 | 8.1 | 40(22) | | 8,027 | 2,286 | 3,378 | | DBI-K-14 | GE-52 | 18.65 | 500 | 2 | 4.78 | | ブリル21E | 1,828 | 762 | 手・電 |
| 167～191 | 7.3 | 40(20) | | 8,306 | 2,286 | 3,289 | | GE-B-18 | GE-52A | 20.14 | 500 | 2 | 4.76 | | ブリル21E | 1,828 | 762 | 手・電 |
| 200～214 | 7.3 | 40(20) | | 8,230 | 2,223 | 3,315 | | DBI-K-14 | GE-52A | 20.14 | 500 | 2 | 4.78 | | ブリル21E | 1,981 | 762 | 手・電 |
| 215～223 | 7.3 | 40(20) | | 8,230 | 2,223 | 3,315 | | KR-8 | GE-52A | 20.14 | 500 | 2 | 4.78 | | ブリル21E | 1,981 | 762 | 手・電 |
| 224～228 | 7.3 | 46(22) | | 8,687 | 2,223 | 3,315 | | KR-8 | DK-10A | 22.38 | 500 | 2 | 4.27 | | ブリル21E | 1,981 | 762 | 手・電 |
| 300～309・330～339 | 8.1 | 50(14) | | 8,534 | 2,286 | 3,289 | | KR-8 | GE-265C | 25.80 | 600 | 2 | 4.76 | | ブリル21E | 1,981 | 610 | 手・電 |
| 340～364 | 8.4 | 60(18) | | 8,534 | 2,286 | 3,683 | | GE-B-18 | GE-52 | 20.14 | 500 | 2 | 4.79 | | ブリル21E | 1,981 | 762 | 手・電 |
| 365～380 | 8.4 | 60(18) | | 8,534 | 2,286 | 3,683 | | GE-B-18 | TDK-10A | 22.38 | 500 | 2 | 4.27 | | ブリル21E | 2,134 | 762 | 手・電 |
| 400～419 | 8.6 | 70(20) | | 9,144 | 2,286 | 3,493 | | KR-8 | MB-82-L | 25.80 | 600 | 2 | 4.93 | WH-DH16 | ブリル79E2 | 2,591 | 610 | 手・電・空 |
| 420～431 | 8.6 | 70(20) | | 9,144 | 2,286 | 3,658 | | 川崎K | K6-353-A | 25.80 | 600 | 2 | 4.93 | WH-DH16 | ブリル79E2 | 2,591 | 610 | 手・電・空 |
| 500～539 | 9.1 | 75(22) | | 9,144 | 2,438 | 3,640 | | DBI-K-14 | GE-265G | 25.80 | 600 | 2 | 4.93 | GE-CP27B | ブリル79E2 | 2,591 | 610 | 手・電・空 |
| 540～559 | 9.1 | 75(22) | | 9,144 | 2,438 | 3,640 | | KS-2 | GE-265G | 25.80 | 600 | 2 | 4.93 | WH-DH16 | ブリル79E2 | 2,591 | 610 | 手・電・空 |
| 701～709 | 8.0 | 60(20) | | 8,600 | 2,286 | 3,683 | | KR-8 | GE-52A | 20.14 | 500 | 2 | 4.78 | | ブリル21E | 2,134 | 838 | 手・電 |
| 1000～1019 | 17.3 | 110(32) | | 13,400 | 2,438 | 3,733 | 6,920 | 川崎 | MB-172-LR | 37.30 | 600 | 2 | 4.50 | GE-CP27B | ブリル76E2 | 1,473 | 660 | 手・電・空 |
| 1100～1104 | 16.2 | 95(32) | | 11,400 | 2,438 | 3,725 | 5,050 | KR-8 | TDK-508A | 37.30 | 600 | 2 | 4.20 | 三菱DH16 | 汽車LH | 1,400 | 660 | 手・電・空 |
| 2601～2605 | 18.0 | 120(32) | | 13,400 | 2,413 | 3,550 | 6,900 | KR-8 | MB-172-LR | 37.30 | 600 | 2 | 4.13 | 三菱DH16 | KLD13 | 1,500 | 660 | 手・電・空 |
| 電動貨車7 | 8.6 | | 3.0 | 7,925 | 2,159 | 3,353 | | GE-B-18F | WH-12A | 18.65 | 500 | 2 | 4.86 | | ブリル21E | 1,828 | 762 | 手・電 |
| 電動貨車8 | 8.6 | | 3.0 | 7,925 | 2,159 | 3,353 | | GE-B-18F | DK-25A | 18.65 | 500 | 2 | 5.07 | | ペックハム | 1,828 | 762 | 手・電 |
| 電動貨車9～15 | 6.1 | | 3.0 | 6,401 | 2,159 | 3,582 | | GE-B-18F | DK-25A | 18.65 | 500 | 2 | 5.07 | | ペックハム | 1,828 | 762 | 手・電 |
| 散水車1・2 | 7.5 | | 6.3 | 5,619 | 1,931 | 3,372 | | GE-B-18F | GE-265C | 21.34 | 500 | 2 | 6.14 | | ブリル21E | 1,828 | 762 | 手・電 |
| 散水車3～6 | 7.8 | | 6.3 | 6,045 | 2,236 | 3,391 | | KR-8 | GE-265C | 21.34 | 500 | 2 | 6.14 | | ブリル21E | 1,828 | 762 | 手・電 |

注）数値・データは散水車1、2以外入籍時のもの。震災以前入籍車の大部分は要目不明につき省略。　　　出典：「鉄道省文書」「内務省文書」より作成

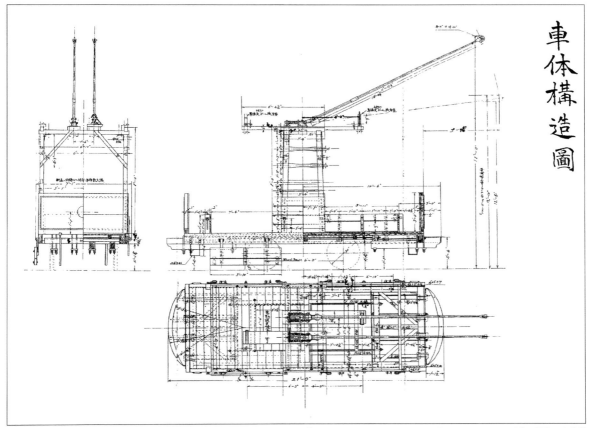

車体構造圖

電動貨車11、12の構造図。この2輛は杉田線直通用の帰線フック設置のため、「やぐら」からトロリースタンドが突き出る。　　　所蔵：国立公文書館

## 上巻のおわりに

　横浜大空襲で横浜の街はふたたび灰燼に帰したが、市電にとって不幸中の幸いだったのは、関東大震災と比較すれば焼失車輌が少なかったことである。ただし、資材不足で満足に動かせないのも事実であり、1943（昭和18）年8月12日に認可を得ていた800形が、ついに戦時中に落成させられなかったことからして車輌不足は明らかであろう。しかも、横浜市は戦後、進駐軍によって広範な地域が接収されてしまい、復興計画すら満足に作成できない事態に陥った。当然、税収も伸び悩み、市電への投資がままならなかったことが、戦後も長く四輪単車を使用する結果となって現れている。

澤内一晃

●本文注釈
1、『横浜市史Ⅱ』第1巻下（1996）p147
2、横浜市交通局『横浜市営交通八十年史』（2001）p87
3、横浜市交通局『横浜市営交通八十年史』（2001）p79-86
4、『京浜急行八十年史』（1980）p96
5、1868（慶応4）年8月23日生まれの生糸貿易商。横浜を代表する経済人の一人であると同時に美術コレクターとしても著名で、国の指定名勝である三渓園は彼が私財を投じて作り上げた庭園である。1939（昭和14）年8月16日没。
6、長谷川弘和「横浜市電物語　その1」『鉄道ファン』No.136（1972-7）p22諸元表
7、臼井茂信「横浜市電（5）」『鉄道』No.74（1935-6）p30
8、臼井茂信「横浜市電（6）」『鉄道』No.75（1935-7）p42。ただし、契約なのか認可なのか、それとも入線や使用開始なのかを記載していないため、何を意味する日付なのかは判然としない。
9、帝都復興計画には予算配分に格差がつけられたものの、「帝都ノ関門」として横浜市も事業対象に含まれている。
10、1927（昭和2）年4月の第三次市域拡張で横浜市に編入
11、いわゆる米貨公債問題は「横浜の癌」と言われる深刻な問題であり、昭和戦前期の横浜市をあらゆる意味で縛り付けてしまった。詳細は高村直助『都市横浜の半世紀』有隣新書62（有隣堂2006.3）p34-35,63-64や『横浜市史Ⅱ』を参照のこと。
12、『横浜市史Ⅱ』第1巻下（1996）p25
13、現在の神奈川中央交通の直接の前身
14、横浜大空襲は東京大空襲の影に隠れ巷間あまり知られていない面があるが、東京の半分の作戦時間に約2倍のB-29が1.3倍の焼夷弾を投下する激烈なもので、市電沿線で無傷で済んだのは磯子区だけだった。
15、他都市は東京7.5輌（602名）、名古屋4.2輌（289名）、京都6.4輌（760名）、大阪7.4輌（501名）、神戸8.7輌（595名）。名古屋市電の数値は横浜以下であるが、これは1937（昭和12）年に周辺軌道4社22.8kmを併合し郊外区間を抱えたことが影響しており、車輌が封じ込められていた下之一色・築地線および八事線の分を外すと4.9輌（353名）と、いずれも横浜市電を上回る数値になる。
16、臼井茂信「横浜市電（6）」『鉄道』No.75（1935-7）p47。
17、東京両国の横網町公園にある復興記念館の横浜版と言える施設で、1928（昭和3）年4月に開館したものの、戦争の影響で1941（昭和16）年12月に事実上の閉館となっている。
18、ただし、臼井、長谷川両氏とも、現実には大阪市電155～157、159、256、193、260、277、184、166、188、190、191、185、267、203、189、151、148、161、177、246、247、253、192が種車であるとされる。
19、臼井茂信「横浜市電（5）」『鉄道』No.74（1935-6）p29,30,33。特に29頁には68の写真あり。
20、横浜市交通局『ちんちん電車—ハマッ子の足70年』（1972）p65
21、長谷川弘和「横浜市電物語　その4」『鉄道ファン』No.138（1972-10）p84
22、横浜市交通局『横浜市営交通八十年史』（2001）p125

街路樹の影が長くなり冬支度を整えた本町通りを市電が走る。
1939年頃　P：臼井茂信

横浜市開港記念会館を背景にして1403が通り抜ける。威厳のある建物と市電との組合せは、いつの時代になっても絵になった。
1967.10.10　本町1丁目
P：中村夙雄

## 68年間を駆け抜けたハマの路面電車

　1904（明治37）年7月15日、神奈川－大江橋間を開業した横浜の路面電車は、民間の横浜電鉄という会社が経営していた。しかし、当初から経営難が続いて運賃の値上げで急場を凌ごうとした。これに反対する勢力が後押しをする形で、一気に市営とする方針に働き、1921（大正10）年4月1日、横浜市は横浜電鉄を買収して横浜市電気局が設立された。市営となり路線の延長や車輌の整備を進めていた矢先、1923（大正12）年9月1日に関東大震災が発生して壊滅的な被害に遭う。
　市電の車庫と変電所はすべて倒壊、車輌も在籍車輌の約半数を失った。その後、震災復興事業を遂行したが、世界恐慌の影響を受けて路線延長計画は凍結された。また、バスが発達するようになり、湘南電鉄と京浜電気鉄道との直通運転開始で弘明寺線の乗客が減少して苦しい状況が続いた。震災復興のために賄われた米貨公債が、大きな経済負担となっていたが、政府が引き受けることで風向きが変わり、運賃の値上げ効果や軍需工場への工員輸送が急増していき、経営は好転していく。
　だが、1945（昭和20）年5月29日、横浜は米軍機による爆撃で再び焦土と化し、市電も各地で被

害を受けて寸断されたが、1946(昭和21)年5月31日に横浜市交通局へと改称して新たな一歩を踏み出す。市の中心部が米軍により接収されたことで経済活動が阻まれたが、人口は爆発的に増加した。荒廃した設備を整備するための資金は不足したが、支出を抑える努力を重ね、新車の導入や路線延長工事を積極的に進めた。営業キロ数は51.79キロとなり、年間輸送人員は1億2000万人台を保った。

最盛期を迎えた横浜市電であったが、モータリゼーションにより自動車が溢れ出し、国鉄根岸線が開通したことで収入が激減した。財政状況は危機的状況となり、当局は再建整備5ヵ年計画を策定して、順次市電を廃止することを決定した。1966(昭和41)年には自治省から財政再建団体の指定を受け、以後、ワンマン運転の開始および路線の廃止が進められた。そして1972(昭和47)年3月31日、ハマの路面電車は68年間におよぶ歴史に幕を閉じた。横浜市電(下)では、戦時中から全廃に至るまでの車輌動向を中心、写真や図面を多用して解説する。　　　　　　　　　(岡田誠一)

大柄な単車である800形807。国鉄桜木町駅の三角形駅舎も懐かしい。
1951.7.22　桜木町駅前　P：伊藤　昭

## 戦時中の状況

1943（昭和18）年11月現在の横浜市電気局の資料によれば、市電の保有輌数は203輌（電動貨車含む）であった。戦時中は旅客需要が大幅に延び経営的には好調であったが、資材不足のため車輌部品も木製などの代用品で賄われ、混雑緩和のため座席を減少させる工事も実施された。夜間の空襲時に備えて室内灯を半減させるスイッチの設置、金属回収のため窓の保護棒、前面にあるストライカー、トロリーキャッチャーなどは撤去が行なわれた。戦局が悪化してくると次第に横浜も空襲を受けるようになり、空襲警報が発令されると根岸橋、十二天、扇橋、国道駅前に設けられた疎開用の引込み線、または麦田のトンネル内に車輌を移動させた。

そして1945（昭和20）年5月29日、マリアナ基地から飛来した約500機のB-29爆撃機、約100機のP-52護衛戦闘機により横浜は爆撃を受け、市の中心部は焼き尽くされた。午前9時20分から10時30分の間に、焼夷弾約2500トンが投下され、死傷者約1万9千人、罹災者は31万人を数えた。市電関係の被害も甚大で、保有輌数203輌のうち全焼が40輌、半焼が8輌であった。

■表1　動力装置など一覧（昭和18年度）　　　出典：「横浜市電気局車台一覧」を加筆

| 車庫 | 車号 | 四輪又はボギーの別 | 自重(t) | 定員加算重量(t) | 定員(名) | 台車製作所形式 | 台車軸距(mm) | 台車中心間(mm) | 車輪径 | ギヤ | ピニオン | 制動種別 | 制動率 | シュー番号 | 電動機 |
|---|---|---|---|---|---|---|---|---|---|---|---|---|---|---|---|
| 麦田 | 201〜203 | 四輪 | 7.25 | 10.00 | 50 | ブリル21E | 1,828 | — | 762ミリ | 67 | 14 | 手動 | 79% | 2号 | GE-52A |
| 生麦 | 217〜219 | // | // | // | // | // | // | — | // | // | // | // | // | // | // |
| 滝頭 | 220 | // | // | // | // | // | // | — | // | // | // | // | // | // | // |
| 滝頭 | 223 | // | // | // | // | // | // | — | // | // | // | // | // | // | // |
| 滝頭 | 224〜228 | // | // | // | // | // | 1,981 | — | // | 64 | 15 | // | // | // | // |
| 滝頭 | 300 | // | 8.13 | 11.43 | 60 | // | 2,134 | — | // | 81 | 17 | // | 76% | // | GE-265C |
| 滝頭 | 303 | // | // | // | // | // | // | — | // | // | // | // | // | // | // |
| 滝頭 | 305〜307 | // | // | // | // | // | // | — | // | // | // | // | // | // | // |
| 滝頭 | 330〜334 | // | // | // | // | // | 1,981 | — | // | // | // | // | // | // | // |
| 滝頭 | 336〜339 | // | // | // | // | // | // | — | // | 67 | 14 | // | // | // | // |
| 滝頭 | 340 | // | 8.43 | 11.73 | // | // | 2,134 | — | // | // | // | // | // | // | GE-52A |
| 滝頭 | 341 | // | // | // | // | // | 1,981 | — | // | // | // | // | // | // | // |
| 滝頭 | 342 | // | // | // | // | // | // | — | // | // | // | // | // | // | GE-265C |
| 滝頭 | 343// | // | // | // | // | // | // | — | // | // | // | // | // | // | GE-52A |
| 滝頭 | 344 | // | // | // | // | // | // | — | // | // | // | // | // | // | GE-265C |
| 滝頭 | 345〜351 | // | // | // | // | // | // | — | // | // | // | // | // | // | GE-52A |
| 麦田 | 352〜363 | // | // | // | // | // | // | — | // | // | // | // | // | // | // |
| 麦田 | 364 | // | // | // | // | // | // | — | // | // | // | // | // | // | GE-247D |
| 滝頭 | 365 | // | 9.14 | 12.44 | // | // | 2,134 | — | // | 64 | 15 | // | // | // | // |
| 滝頭 | 366 | // | // | // | // | // | // | — | // | // | // | // | // | // | GE-265C |
| 生麦 | 367〜369 | // | // | // | // | // | // | — | // | // | // | // | // | // | DK-10A |
| 生麦 | 370 | // | // | // | // | // | // | — | // | // | // | // | // | // | GE-265C |
| 生麦 | 371〜372 | // | // | // | // | // | // | — | // | // | // | // | // | // | DK-10A |
| 生麦 | 373 | // | // | // | // | // | // | — | // | // | // | // | // | // | GE-265C |
| 生麦 | 374〜379 | // | // | // | // | // | // | — | // | // | // | // | // | // | DK-10A |
| 滝頭 | 380 | // | // | // | // | // | // | — | // | // | // | // | // | // | GE-247D |
| 滝頭 | 400〜415 | // | 8.63 | 12.48 | 70 | ブリル79E | 2,591 | — | 610ミリ | 69 | 14 | 空気 | 73.90% | 3号 | MB-82L |
| 生麦 | 416〜419 | // | // | // | // | // | // | — | // | // | // | // | // | // | // |
| 生麦 | 420 | // | // | // | // | // | // | — | // | // | // | // | // | // | K6-353A |
| 麦田 | 421〜431 | // | // | // | // | // | // | — | // | // | // | // | // | // | // |
| 滝頭 | 500〜524 | 四輪 | 9.14 | 13.27 | 75 | ブリル79E | 2,134 | — | 610ミリ | 69 | 14 | 空気 | 72.50% | 3号 | GE-265G |
| 生麦 | 525〜547 | // | // | // | // | // | // | — | // | // | // | // | // | // | // |
| 麦田 | 548〜559 | // | // | // | // | // | // | — | // | // | // | // | // | // | // |
| 滝頭 | 701 | // | 8.12 | 11.42 | 60 | ブリル21E | 2,134 | — | 762ミリ | 64 | 15 | 手動 | 79.00% | 2号 | GE-265C |
| 生麦 | 702 | // | // | // | // | // | // | — | // | // | // | // | // | // | // |
| 麦田 | 703 | // | // | // | // | // | // | — | // | // | // | // | // | // | // |
| 滝頭 | 704〜710 | // | // | // | // | // | // | — | // | // | // | // | // | // | GE-52A |
| 麦田 | 711〜712 | // | // | // | // | // | // | — | // | // | // | // | // | // | // |
| 滝頭 | 1000〜1006 | ボギー | 17.27 | 23.87 | 120 | ブリル76E | 1,473 | 6,920 | 610ミリ | 63 | 14 | 空気 | 71.70% | 4号 | MB-172LR |
| 麦田 | 1007〜1008 | // | // | // | // | // | // | // | // | // | // | // | // | // | // |
| 生麦 | 1009〜1019 | // | // | // | // | // | // | // | // | // | // | // | // | // | // |
| 生麦 | 1100 | // | 16.20 | 21.42 | 95 | 汽車LH | 1,400 | 5,050 | // | 63 | 11 | // | 82.80% | // | MB-172LR |
| 生麦 | 1101 | // | // | // | // | // | // | // | // | // | // | // | // | // | // |
| 生麦 | 1102 | // | // | // | // | // | // | // | // | // | // | // | // | // | // |
| 生麦 | 1103 | // | // | // | // | // | // | // | // | // | // | // | // | // | // |
| 生麦 | 1104 | // | // | // | // | // | // | // | // | // | // | // | // | // | // |
| 滝頭 | 2601 | // | 18.00 | 24.60 | 120 | 木南KLD13 | 1,500 | 6,900 | // | // | 15 | // | 92.50% | 5号 | TDK-508/1-A |
| 滝頭 | 2602 | // | // | // | // | // | // | // | // | // | // | // | // | // | // |
| 滝頭 | 2603 | // | // | // | // | // | // | // | // | // | // | // | // | // | // |
| 滝頭 | 2604 | // | // | // | // | // | // | // | // | // | // | // | // | // | // |
| 滝頭 | 2605 | // | // | // | // | // | // | // | // | // | // | // | // | // | // |
| 滝頭 | 貸7 | 四輪 | 7.00 | 13.00 | — | ブリル21E | 1828 | — | 762ミリ | 67 | 14 | 手動 | | 2号 | GE-52A |

しかし、千歳橋変電所は焼失したものの、滝頭、麦田、生麦の各営業所、局工場に大きな被害が及ばなかったことは不幸中の幸いであった。横浜大空襲により寸断された市電は応急復旧に努め、6月6日に横浜駅前〜麦田町間が開通したのを皮切りに、7月1日までには約7割の路線が開通したが、生麦〜鶴見駅前間は復旧されることはなかった。

## 終戦後の軍事接収と混乱

　1945（昭和20）年8月15日に終戦を迎えたが、その直後は電気局内でも混乱が生じていた。米軍が上陸してきた際は、軍事輸送に協力した幹部は処刑されるといった噂が広がり、その証拠にもなりかねない公文書の焼却処分が始まった。この中には営業関係や車輌関係の歴史的に重要な資料も含まれていた。これは横浜市電を研究する上での大損失となっている。
　米軍は9月2日に横浜に上陸して市内各地で軍事接収をはじめた。焼け跡にはかまぼこ型の宿舎が立てられ、飛行場や駐車場がつくられた。焼け残ったビルやデパートは接収され、市民は強制的に退去を命じられた。市の中心部は約3割が接収地となり経済活動にも打撃となった。横浜が他都市と比べて戦後復興から立ち遅れたのは、この中心部の接収によるものといわれ、税収の減少は勿論のこと市電の収入にも影響が出た。
　終戦後の運転方法は、電力事情が悪いこともあって制御器（コントローラー）のノッチをシリーズ（直列）までしか投入できなかった。上り勾配や遅れを回復しようとしてパラレル（並列）までノッチを進ませると、直ぐにラインブレーカーが動作して電流を遮断した。このようなノロノロ運転は1946（昭和21）年末まで続いたが、それ以降は末端部分の磯子〜杉田、十二天〜間門などを除きパラレル運転が再開された。また、復員兵や大陸からの引揚者が帰国したことで旅客需要は急増した。満員で車内に入れない際はバンパーに足をかけて乗車することもあったが、バンパーを斜めに改造してこれを防止した。
　以下、終戦時に在籍していた車輌と、戦後になって新製または改造された車輌の動向を、河西　明氏が1948（昭和23）年3月時点で記録されたメモを参考にして解説する。

### ■成田形　デハ1〜6、11〜13
　1944（昭和19）年12月に不急不要線として成田鉄道成宗線が廃止されると、鉄軌統制会は車輌不足に悩む横浜市に電車を供出させ、1945（昭和20）年9月26日認可で正式に車籍を入れた。
　デハ1〜6は1910（明治43）年天野工場製の新造車

■表2　戦時中座席減少車号　　資料提供：河西　明

| 座席定員の変化(名) | 車　号 |
|---|---|
| 20→8 | 300、303、305〜307、330〜339 |
| 20→10 | 340〜344、364〜380 |
| 20→10 | 400〜431 |
| 32→16 | 500〜559 |
| 20→10 | 701〜703、708〜712 |
| 32→18 | 1000〜1019 |
| 32→20 | 1100〜1104 |

■表3　戦災車番号表　　資料提供：河西　明

| 全焼 | 303、305、333、337、340、345、352、354、359、361、362、366、370、401、408、414、417、418、427、500、510、514、518、519、523、525、537、540、541、549、550、555、556、557、1002、1009、1013、1016、1100、2603（計40輛） |
|---|---|
| 半焼 | 402、404、504、534、544、547、703、712（計4輛） |

成田鉄道デハ5。譲渡されたものの放置されたままで、マスコンも投げ出されている。　　1947.11.21　生麦営業所　P：中村夙雄

成田鉄道デハ2。車体は崩れ落ちている。後ろの骨組みのようなものは戦災車の残骸。　　1947.11.21　生麦営業所　P：中村夙雄

で、デハ11～13（旧デハ7～9）は1922（大正11）年購入の元東京市997～999で、いずれもベスティビュール式の高床式であった。しかし、営業に使われること無く200形、300形と共に生麦車庫に放置され、800形の種車となって姿を消した。

■**200形** 201

関東大震災後に製造された200形は、戦中から戦後にかけ順次廃車となった。廃車となった車輌は滝頭や生麦営業所に放置され、225は滝頭で図書室となっていた。当時の稼動車は201のみで魚の運搬や局の職用車として使用され座席は無かった。その後、最後に残っていた3輌は市電復興祭りでは花電車として使用され、1947（昭和22）年に廃車となり形式消滅した。

■**300形**

300、306、307、330～332、334、336、338、339、341～344、346～351、355～358、360、363、364、365、367、368、371～380

昭和初期までに製造された300形は、はじめて客用扉が取り付けられた車輌である。前期型は300、306、307、330、331、332、334、336、338、339が残っていた。300と307は麦田で他は生麦の配置であった。303、305、333、337は戦災で全焼となり、330は休車中であった。

中期型は341～344、346～351、355～358、360、363、364が残っていた。340、345、352、354、359、361、362

200形223。200形は戦後になるとほとんどが休車となり、800形の種車となるものもあった。　1947.11.21　生麦営業所　P：中村夙雄

は戦災で全焼した。353は1947（昭和22）年10月30日付けで老朽廃車となった。

鋼製車体の後期型は365、367、368、371～380が残っていた。366、370は戦災で廃車となった。369は1947（昭和22）年10月30日付けで老朽廃車となった。347、367、376は休車中であった。このあと除々に廃車され1952（昭和27）年9月に形式消滅した。

■**表4　300形のモーター形式**　資料提供：河西　明

| モーター形式 | 出力 | 使用車号 | 輌数 |
|---|---|---|---|
| GE-52A | 20.34kW | 340、341、343、345～363 | 22 |
| DK-10A | 22.38kW | 367～369、371、372、374～379 | 11 |
| GE-265C | 25.80kW | 300、303、305～307、330～334、336～339、342、344、366、370、373 | 19 |
| GE-247D | 25.80kW | 364、365、380 | 3 |

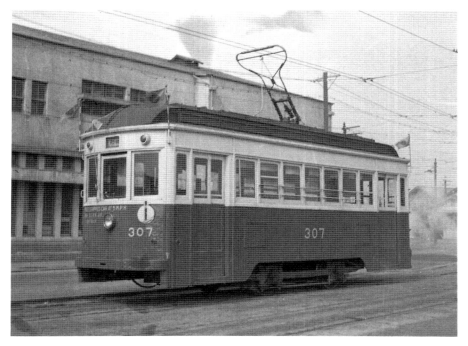

300形307。深い屋根が特徴である前期型の307は、戦後も麦田に配置された活躍した。なお、戦時供出でロックフェンダーがないが、300形は廃車予定であったため世相が落ち着いても再装備はされなかった。
1950.3.21　生麦
P：伊藤　昭

400形419。空気制動を設けていた400形は比較的大事に使われ、この419も車体更新を受けて延命を図った。　1960.5.22　本牧三渓園　P：伊藤威信

## ■400形

400、402～407、408～413、415、417、419～426、428～431

　400形は木製車体ながら空気制動を持つ車輌である。424は戦時中の1942（昭和17）年に麦田営業所で火災に遭い復旧した車輌。戦災により401、408、414、417、418、427が全焼、402、404は半焼となった。全焼車はモーターなどが流用されたが台ワクと台車は解体された。半焼車は復旧された。魚雷型ベンチレーターが片側に4つとも残っているのは426、428、429のみであった。400、406、410、419、429が車体更新を行うなど、この時点では今後も使用する計画であった。

400形423。「補」の系統板をつけてラッシュ時の運用に入る大正生まれの兵。
1956.8.29　保土ヶ谷橋
P：中村夙雄

500形532。戦後になってもほとんどの系統で使用された500形。小型の割にモーターの出力が高く坂道の多い横浜にはピッタリの車輛であった。この車輛は1968 (昭和43) 年まで約40年間活躍した。
1953.8.2　阪東橋
P：伊藤　昭

### ■500形

501～509、511～513、515～517、520～522、524、526～536、538、542～547、548、551～554、558、559

1928 (昭和3) 年製の鋼製車体を持つ四輪単車で60輛が製造された。主に登坂線で使用されたが整備不良のためモーター焼けが多かった。戦災により500、510、514、518、519、523、525、537、540、541、549、550、555、556、557の15輛が全焼となり600形として復旧した。504、534、544、547は半焼となったが、1947 (昭和22) 年1月から2月にかけて横浜車輛製作所で復旧した。なお、当時の配置は501～509、511～513、515～517、520～522、524が滝頭、526～536、538、542～547が生麦、548、551～554、558、559が麦田であった。

オフィス街をのんびり走る500形523。4系統は保土ヶ谷橋から高島町を経由して本牧一丁目まで走った。　　　　1967.10.10　馬車道　P：中村夙雄

1000形1005。横浜市電初のボギー車で収容力が大きいため、主に市内の中心部を走る系統で使われた。　1960.5.22　杉田　P：伊藤威信

■**1000形**　1000〜1019

　横浜市電として初のボギー車で20輌が製造された。中央扉は当初は2枚扉であったが、1934（昭和9）年に三分の一を固定化した。しかし、戦時輸送で混雑してくると1004、1005、1014〜1019は1943（昭和18）年に2枚引戸に復元した。戦災により1002、1009、1013、1016が全焼したが、三菱重工横浜造船所で車体を修繕の上、局工場で電装を行い復旧した。これらは内装が一新され中央扉が2枚引戸となり座席の幅が狭くなった。また、CPは新品のDH-16を取り付けている。なお、漏電火災で焼失した1018は生麦に放置していたが、1947（昭和22）年11月に横浜車輌製作所で復旧した。当時の配置は1000〜1006、1009が滝頭、1007、1008が麦田、1010〜1019が生麦であった。

循環系統とも呼ばれ1系統と共に「六角橋〜弘明寺〜六角橋」を走った12系統。写真の1000形1020は1948（昭和23）年にトップナンバーである1000を改番した車輌であった。
1967.10.10　横浜駅前
P：中村夙雄

1100形1104。戦前はロマンスカーとして活躍した車輌だが、戦時中に座席数を半減されてしまった。　　　　　1955.11.9　六角橋　P：中村夙雄

■**1100形**

1101～1105　ロマンスカーとして華やかに登場した1100形も戦時中に座席数を半減されてしまった。戦災により1100が全焼となったが、復旧するために三菱重工横浜造船所に運んだところ、人件費の問題から中止となり、滝頭の横浜車輌製作所で工事が施工された。この時点では全車が生麦の配置となっていた。なお、モーターはTDK-508A（37kW／600V）から、2600形が使用していたMB-172LR（37kW／600V）に交換されている。後に5車すべてがワンマン改造を受けている。

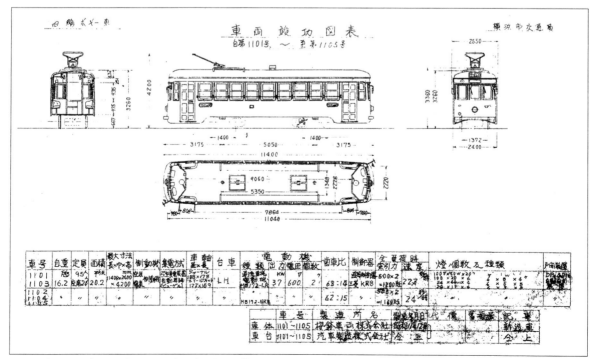

1100形の車輌竣功図表。1967年にワンマン化改造を施工した際のもの。なお、1100形はモーターに差異がある点を注意したい。　　　所蔵：岡田誠一

▶1200形1203。2600形は1948 (昭和23) 年に改番されて1200形となった。大型の板ガラスが入手困難のため、写真のように小型のガラスを何枚も組み合わせた。これらは海軍からの供出品と言われ、ガラスが手に入り難かった都電と比べると恵まれていた。なお、ロックフェンダーがない点にも注意。
　　　　1948.12.7　本町4丁目
　　　　　　　　P：中村夙雄
▼2600形2601。改番は1948 (昭和23) 年10月20日に実施されたが、この車輌はまだ書き換えが行われていない。特に注目されるのはポールとビューゲルの両方が付いていることで、比較試験を行っていたのかもしれない。
　　　　1948.12.7　滝頭車庫
　　　　　　　　P：中村夙雄

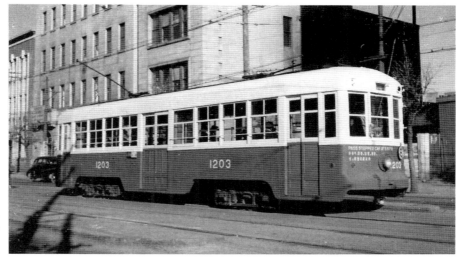

■**2600形**　2601〜2605（後の1200形1201〜1205）

　紀元2600年を記念して製造された戦前最後のボギー車である。堺市の木南車輌で製造されたこともあって、これまでの横浜市電と一線を画すスタイルであった。しかし、車体が重く加速が最も悪かった。戦前期にモーターは1100形が取り付けていたTDK-508Aと換装している。2603は戦災のため全焼したが三菱重工横浜造船所で復旧した。全て滝頭に配置されていたが、当時はラッシュ時以外に使用されることは無かった。その後の動きは87・91頁を参照されたい。

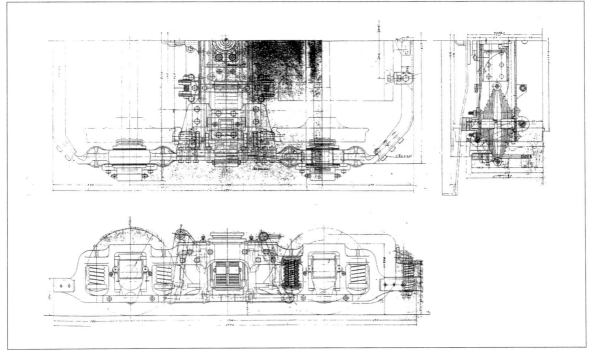

2600形（1200形）に使用されたKLD13形台車の構造図。木南車輌は戦災前には鋳造工場を持っていて台車の製造も得意であった。　　所蔵：国立公文書館

1200形1201。昭和30年代に入り車輌の整備も進んだ。中部車掌廃止後はこのようにバンパーを白く塗った。　　　1960.5.22　滝頭　P：伊藤威信

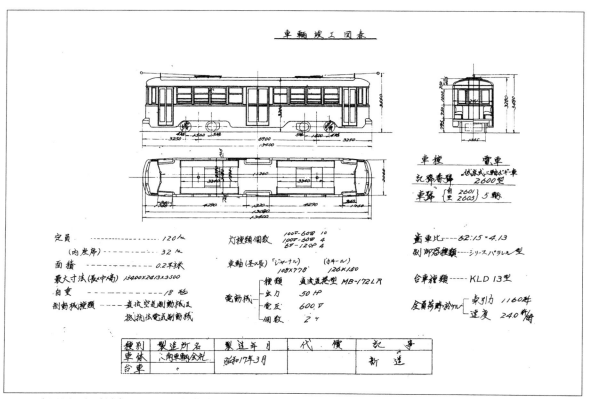

2600形の車輌竣功図表。製造当初はモーターが三菱製MB-172LRであるが、すぐに1100形の東洋製TDK-508に換装されている。　　所蔵：岡田誠一

1200形1204。1200形は1967（昭和42）年の車体更新でシル（帯）も撤去され、中扉も改造された。　　1967.10.10　本町4丁目　P：中村夙雄

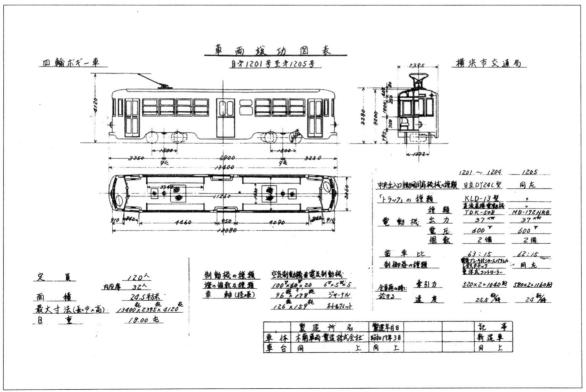

1200形の車輌竣功図表。1967年に車輌更新工事を施工した際のもので、特に中央扉は1枚引戸となり、幅も950mmに縮小された。　　所蔵：岡田誠一

700形717。この車輛は1947（昭和22）年に横浜車輛製作所で製造された増備車。登場時は手用制動機しかなかったが、1953（昭和28）年に400形のブリル79Eを流用して空気制動機が設置されている。なお、市電の浅間町車庫は生麦車庫の代替として造られたが、わずか3年で廃止となった。
1967.10.10　浅間町営業所
P：中村夙雄

### ■700形　713～717

本書上巻でも記したように700形は1939（昭和14）年から局工場で製造された四輪単車である。200形の更新を目的としているが、戦時体制下のため木造車体で製造されている。

車輌竣功図表によれば1939（昭和14）年3月に207、208、215が701～703となり、翌年に209と貨車8が704と705となった。1941（昭和16）年9月12日の竣功届によれば200、221、222、206は706～709となっている。その後、1943（昭和18）年までに710～712が登場したが、戦中戦後の混乱により資料に不備があり、登場時期や新旧番号対照の詳細は不明である。なお、河西　明氏の調査によれば、モーターは701～703がGE-265A（25.8kW／600V）×2、704～707がGE-52A（20.14kW／500V）×2、708～712がMB-82A（25.8kW／600V）×2となっている。

また、1947（昭和22）年5月から8月にかけて、713～717が横浜車輛製作所で5輛が製造された。車体は戦前製とほぼ同じスタイルであるが、当初は720形721～725とする予定だった。モーターはGE-265A（25.8kW／600V）×2を使用したが、これらは戦災を受けた303、305、333、337、366、370の中から、使用に耐えるものを整備したものであった。制御器はGE-B-18を使用した。

その後、1952（昭和27）年11月20日認可で701～712の台車を400形のブリル79Eに換装して名実ともに低床化され、あわせて手用制動機を空気制動機とする改造工事を施工した。戦後製の713～717についても1953（昭

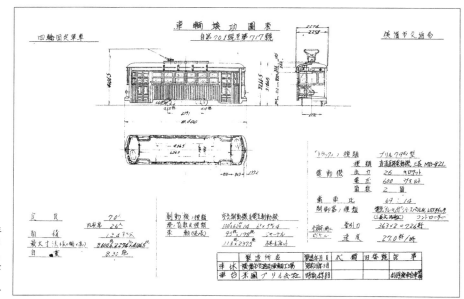

700形の車輌竣功図表。1958年に修正された図面。台車がブリル79E2となっている。また、側面上部に広告を取り付ける金具を追加している。
所蔵：岡田誠一

800形804。戦時設計の四輪単車で全長が10メートルもあった。当初は木製車体であったが、あまりの粗悪なつくりから車体が弓状に歪み、1950（昭和25）年に鉄板張りに造り変えた。
1951年頃　滝頭営業所
P：臼井茂信

和28）年３月９日に車両設計変更届を提出して、台車をブリル79Eに換装して手用制動機を空気制動機とする改造工事を施工した。老朽廃車は1963（昭和38）年12月から始まり、杉田線が廃止された1967（昭和42）年８月に711〜717が廃車となったことで形式消滅した。

■**800形**　801〜823

800形は戦時設計の四輪単車で200形の改造名義となっている。経費を削ったうえで収容力の増大を図った車輛で、車体長10メートルの大柄な単車であった。1943（昭和18）年８月12日に認可を受けていたが、諸般の事情により製造が延期されていた。1945（昭和20）年４月から５月にかけて大阪の木南車輛から10輛が送られてきたが、工員と電装品の不足により工事を中断して、滝頭の局工場内に置かれたまま終戦を迎えた。1946（昭和21）年２月１日に１輛目が完成して、戦後初の新車として営業運転に使用された。以後、11月15日までに801〜810が順次完成していった。なお、801〜805は丸ハンドルを用いた手用制動であったが、806〜810は当初から空気制動であった。モーターはGE-265A（25.8kW／600V）×2だが、801のものは600形に譲

800形車内。驚くほど簡素化されており、吊手が代用品で座席は木製のベンチシートとなっていた。
1953年頃　滝頭営業所　P：藤井　曄

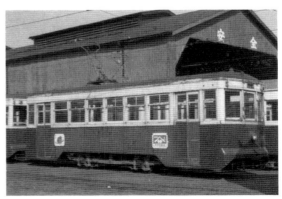

800形826。当初から鋼製車体で製造された車輛であるが、外観上はあまり差異が無かった。
1953年頃　滝頭営業所　P：藤井　曄

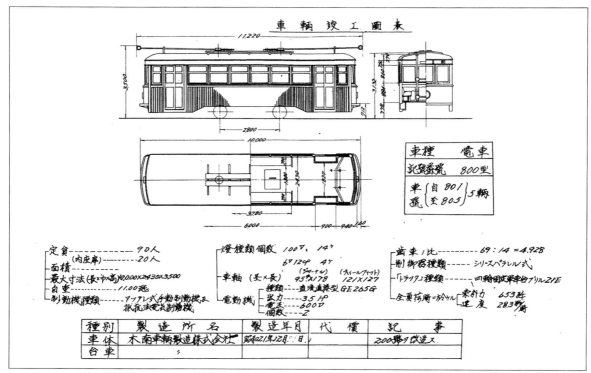

800形の車輌竣功図表。戦時中に木南車輌が製造した大型単車である。木製の10輌はあまりにも粗悪な作りで、後に車体を強化した。　所蔵：岡田誠一

リK6-353Bに交換されていたようである。制御器は東洋K14、DBI-K14、三菱KR-8を使用していた。座席はスプリングを用いた布張りであった。台車はブリル21の軸距を2800mmに拡大して使用したがジャーナルボックスとサイドフレームとの遊間が狭く、サイドフレームの材料不良のため亀裂が生じることもあった。また、スプリングが弱いため振動が強く伝わり乗り心地は悪かった。

これら10輌は車体が木製であるが、その構造は粗末なもので、側窓の支柱はすべて木材を使用していて、鋼材も板を折り曲げただけの代用材が使用されていた。特に出入台付近は過大のモーメントがかかり、802と804は完全に前後が弛んでしまい、車端部を路面に擦りながら走行した。804が最初に使用不能となり、他の車輌も1947（昭和22）年8月までに運用から外れ生麦、滝頭で休車となっていた。

1947（昭和22）年4月から翌年の3月にかけては、鋼製車体となった811～832が木南車輌で製造された。1945（昭和20）年9月26日認可で譲受された成田鉄道のデハ1形1～6とデハ11形11～13、戦災を受けた300形、老朽化した200形の改造名義となっている。鋼製車体ではあったが車体各部には欠陥があった。天井のベニヤ板が粗悪品のため雨漏りにより侵入した雨水で膨れ上がり、改修工事を行ない完成が遅れるケースもあ

った。座席は木製ベンチのような構造であった。制御器は泰平T14などを使用した。モーターは新品のTDK-599P（30kW／600V）を使用しているが、831と832は手持ち品のMB-82L（25.8kW／600V）を使用している。これは、TDK-599Pの納入が間に合わなくなったため、823と825にMB-82Lを装架することにしたが、このモーターは幾分大きくそのままでは装架できないため、台ワクの中梁部分を切断することになった。しかし、原寸合わせをしてみると中梁が少しずれていて、問題がないことがわかった。台ワクの改造を施工せずに済んだが、モーターの異なる車輌が番号の途中に挟まることは好ましくないため、825は831、823は832に番号を振り替えて整理した。

なお、813～832は前後の台ワク構造を改良して応力が一部に集中しないようにした。

その後、木製車体の801～810については、1950（昭和25）年3月31日に車両改造届を提出して、台ワクを補強して柱と外板を鉄板張りに改造した。あわせて空気制動機の取り付け工事を施工している。

800形は戦時設計の急造車であったため老朽化が進み、1953（昭和28）年9月には早くも805～822が廃車となり順次姿を消した。ラッシュ用として最後に1輌だけ残った803が1965（昭和40）年9月に廃車となり形式消滅した。

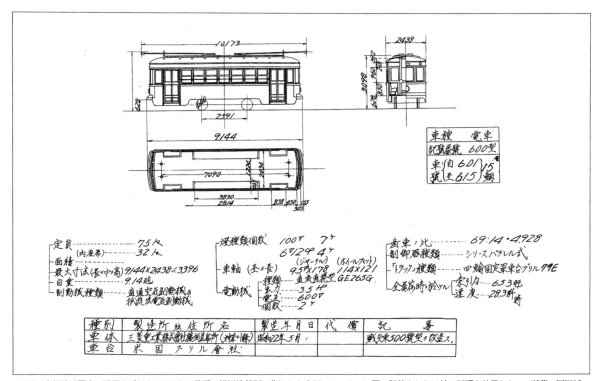

600形の車輌竣功図表。戦災を受けた500形を三菱重工横浜造船所で復旧した車輌。モーターは図に記載された以外の種類も使用した。　所蔵：岡田誠一

■600形　601〜615

戦災を受けた500形を三菱重工横浜造船所で復旧した車輌で、1947（昭和22）年4月から10月にかけて15輌が登場した。種車は500、510、514、518、519、523、525、537、540、541、549、550、555、556、557であるが新旧番号対照は不明である。台車や台ワクなどは流用しているが、上回りはほとんど新製したものとなった。屋根は浅くして腰板を低くして側窓を上昇二段式としている。このため500形とは印象が異なり神戸市電に似たスタイルとなった。当初は500形の枝番として560から付番する計画だったが、最終的に600形601〜615とした。モーターは罹災した400形のMB-82LまたはK6-353A、500形のGE-265G、当初2600形に取り付けていたK6-353Bなど4種類が存在していた。

600形609。戦災を受けた500形を1947（昭和22）年に三菱重工横浜造船所で復旧した車輌である。番号の新旧対照は不明となっている。屋根が浅く二段窓となっていて500形とはだいぶ異なる。
1967.10.10　浅間町営業所
P：中村夙雄

代用材の窓ガラスを取り付けた600形604。後ろは複線工事中たけなわの東横線桜木町駅。　　　　1956.8.26　桜木町駅前　P：中村夙雄

なお、611のMB-82Lは前述した832に譲りK6-353Bを取り付けていた。制御器は再生品の東洋K-14またはDK K-8を使用した。車体は軽快となったが工作が雑なため、内装の取り付け方が悪く走行すると振動が激しかった。その後、1953（昭和28）年9月17日認可で614と615のモーターをGE-256G（26kW/600V）から川崎K6-353B（26kW/600V）に換装した。1966（昭和41）年に車体改修が行なわれた5輌は方向幕が拡大されている。

麦田以外に配置されて活躍したが、ワンマン化改造の対象にはならず、1968（昭和43）年9月から翌年7月までに廃車となり形式消滅した。

600形611。車体の更新工事は行われなかったが、方向幕は従来のものより大きいタイプに改造された。
1967.10.10　横浜駅前
P：中村夙雄

## 横浜市交通局としての再出発

　市民生活が活発化してくると利用者は急増してきたが、整備不良などの理由により稼動車輌が不足していて、1946（昭和21）年当時は運転間隔も20～30分で積み残しも珍しくなかった。

　電気局は戦災復興費を捻出するため、489万円の起債を行なう案を横浜市会に提案して可決された。車輌や施設は、戦時中に保守が行なえずに老朽化したものや、戦災により被害を受けて応急的に復旧したものが多かった。戦災復旧費には架線の交換、軌道の修繕のほか新造車輌30輌分、戦災車の復旧費、モーターの修繕費も組み込まれていた。

　こうした中、1946（昭和21）年5月31日に横浜市電気局は横浜市交通局に改称した。これは東京都、神戸市に続く名称変更で、それまでの市電を中心とした組織から、バスを含めた公営交通を確立したいという意味が込められていた。

　交通局となってからは休車となっている車輌の整備を進める一方、2600形以来5年ぶりとなる大型ボギー車の導入を準備した。しかし、当時はインフレが激しく当初は1輌6万円で予定していた車輌新造費は、わずか半年の間に85万円にまで跳ね上がり追加予算を組むことになった。このため前述した起債の総額は約5000万円にふくれあがった。そして、苦労の末に誕生した3000形が市内を走るようになると、ようやく横浜市電に復興の兆しが見えてきた。

　また、1947（昭和22）年4月1日からは運転系統番号が復活し、8月11日に長者町1丁目～山元町間が開通したことで鶴見線を除く全線での営業を再開した。交通局ではこれ記念して、8月15日から17日にかけて「横浜市電復興まつり」を実施した。花電車の運転やくじ付き記念乗車券を発売して新生交通局をアピールした。

■**3000形**　3001～3030（後の1300形1301～1330）

　3000形は1946（昭和21）年度の割当車として汽車会社東京支店で1947（昭和22）年4月から7月にかけて30輌を製造した。なお、車輌設計の認可は1948（昭和23）年6月17日である。車体は大阪市電の1711形と同タイプで、全長13620mm、幅2480mmの大型車体となり、定員は120（36）名であった。モーターは三菱MB-172NRB（37kW／600V）×2、制御器は3001～3018が三菱KR-208、3019～3023、3029、3030が東洋DBI-K-4、3024～3028が三菱KR-8であった。CPはDH-16を搭載した。台車は汽車会社製のD-14である。3000形は収容力の大きさから市民にもてはやされたが、内装は資材不足を反映して雑に仕上がっており、3009～3020については側窓の上段ガラスが半透明のスリガラスを用いていた。1948（昭和23）年10月19日に電車番号変更届を提出して3001～3030から1301～1330に改番され

1300形1308。3000形から改番直後の姿。前面下部にロックフェンダーがない。　　　　1948.12.7　本町4丁目　P：中村夙雄

▶1300形1324。1300形は1963（昭和38）年から3年間に渡り、車体の更新工事が行われ、戸袋窓がHゴム化され窓下のシル（帯）がなくなった。ほとんどの車輌は方向幕が従来のものより大きいタイプに改造されたが、この1324は従来のままであった。　1967.10.10　横浜駅前
P：中村夙雄

▼1329で試用されたKL1形台車。1500形が登場する前年の1950（昭和25）年に試用された。タイヤとホイールの間にゴムを入れた弾性車輪を使用して、騒音を低減化することが目的であった。
1950年頃　滝頭営業所
P：臼井茂信

ている。また、1951（昭和26）年11月21日認可により、中扉に日立製のドアエンジンDY24形を取り付けて自動化した。これは中部車掌を廃止して人件費を抑える目的があった。

　1329は後述する1500形登場前の1950（昭和25）年1月に、弾性車輪を用いた日立製のKL1台車に交換して試験が行なわれた。引き続き同年4月には防振ゴムを用いたKL2台車の試験が実施された。さらに1953（昭和28）年12月16日認可で間接制御に改造している。これは日立から機器を無償貸与されたもので、制御器は

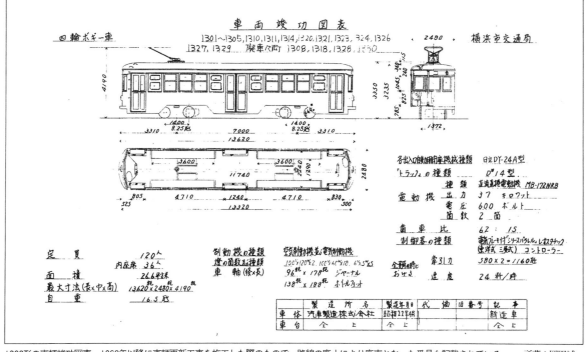

1300形の車輌竣功図表。1968年以降に車輌更新工事を施工した際のもので、路線の廃止により廃車となった番号も記載されている。　　所蔵：岡田誠一

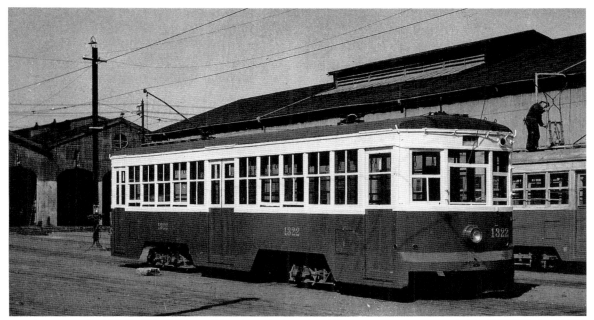

1300形1322。1300形は車輌不足の解消に貢献した。後方では700形をビューゲルに交換している。　　1949.3.3　滝頭営業所　P：中村夙雄

MMC50C、主幹制御器はMA形、モーターはHS-311-Ar（25kW／300V）×4、電動発電機はHG431-Abを使用した。しかし、試験の域を超えることができず後に原型に復された。

1300形は1963（昭和38）年から1965（昭和40）年にかけて車体更新工事を実施した。窓ワクはアルミサッシ化され、戸袋窓がHゴム支持となり、窓下のシル（帯）がなくなった。また、ほとんどの車輌で方向幕が大きくなった。その後、ワンマン化改造の対象から外されたので、ワンマン運転の拡大と路線廃止が進むと1969（昭和44）年10月から廃車がはじまり、1971（昭和46）年10月までに形式消滅した。

## 改番の実施とビューゲルへの交換

1948（昭和23）年10月19日届により電車番号の変更が実施された。これは戦災を受けた車輌番号を整理するなど、車輌管理を容易にする事が目的であった。

400形は400、416、419、428～431を401、408、414、416～419に改番。500形は516、517、533～536、538、539、546～548、551～554、558、559を510、514、516～519、523、525、533～541に改番。1000形の1000は1020、1100形の1100は1105に改番。2600形2601～2605は1200形1201～1205、3000形3001～3030は1300形1301～1330にそれぞれ改番した。これらは1948（昭和23）年10月20日から実施された。

当時は車輌と軌道のほかに、架線の老朽化も問題となっていた。空襲時に熱せられたことで弱っているものも多く、ポールの離線で頻繁に断線していた。車掌業務は終点での転向作業に加えて監視も行うこととなり、かなりの負担となっていた。このため、交通局ではまずZ型パンタグラフを1303に取り付けて試用した後、泰平電鉄機械と共同して定圧式ビューゲル集電装置を開発するに至った。ビューゲルは広島電鉄で二宮式が使用されていたが、架線の高さを一定に揃えておく必要があった。今回開発したTY形ビューゲルは、トンネルや高架線下など架線の低い区間を通過する際でも安定して集電ができることが特徴である。ビューゲルへの交換は1949（昭和24）年2月3日認可で滝頭、麦田、生麦の順で行なわれ、1950（昭和25）年3月までに完了した。

1000形1018の前にずらりと並べられたTY形ビューゲル。追随性を確保するためのリンク機構に注意。
　　写真所蔵：河西　明

磯子を過ぎると海岸線が迫ってきて風景が一変した。海苔の養殖も盛んに行われ、潮干狩りや海水浴で大変賑わった。現在までに海岸線は埋めたてられマンションだらけの街となってしまった。

1958.8 屏風ヶ浦 P：藤井 曄

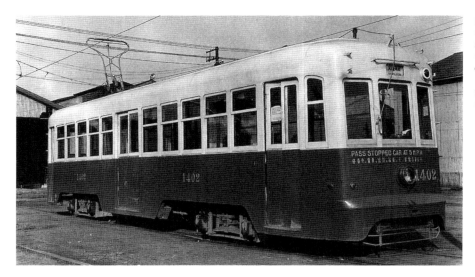

1400形1402。木南車輌が倒産する前に製造した大型ボギー車である。丸みを帯びた優美なデザインであるが、2600形(1200形)の雰囲気も残していた。当初はトロリーポールをつけて登場したが、すぐにビューゲルに交換された。
1950年頃　滝頭営業所
P：白井茂信

■**1400形**　1401～1410

　1948（昭和23）年度の割当車として、1949（昭和24）年2月3日認可で木南車輌において製造された大型ボギー車である。同社はこの年に倒産してしまうので、1400形は木南製最後の電車のひとつに数えられる。

　基本的には2600形を近代化したようなスタイルで、車体の前後の絞りが復活している。ノーシル・ノーヘッダーで丸みを帯びたデザインとなり定員は120（36）名。特徴は登場時から日立製のドアエンジンDY-24Lを取り付けたことである。室内灯はチューブランプを2列配置とした。モーターはTDK-508-2A（37kW／600V）×2、制御器は泰平KR-8を搭載する。台車は保守の容易化と軽量なことを優先して平凡なブリル76E3を使用した。警笛にはタイフォンが用いられた。1949（昭和24）年3月に完成した後、日本貿易博覧会が開催された反町公園と野毛山公園を結ぶ会場連絡電車として使用された。末期は全車が滝頭の配置となり6、8、10、13系統などで使用されたが、ワンマン化改造車の対象とならなかったため、1969（昭和44）年10月から翌年7月にかけて廃車となり形式消滅した。

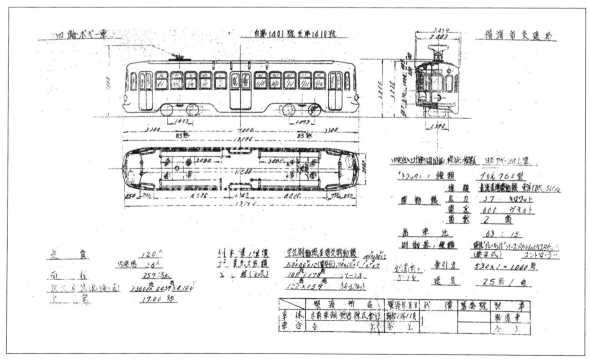

1400形の車輌竣功図表。この図面は車体の中央部に広告を取り付けるようになった1958年頃に作成されたものと思われる。
所蔵：岡田誠一

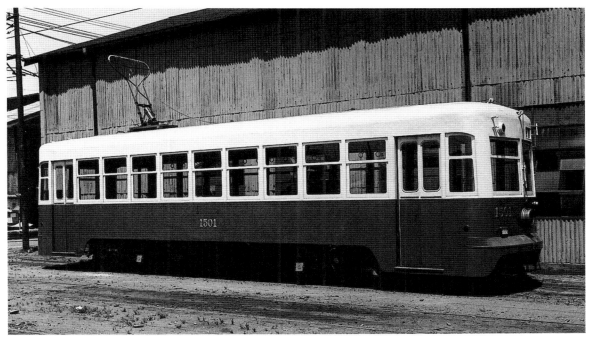

1500形1501。軽快なデザインとなった日立製の新造車。この塗色はすぐに変更されたため営業で使用されたことは無い。
1951.6　滝頭営業所　P：臼井茂信

1501の運転台。初めて運転士用の腰掛が付いたほか、客室とは3本のパイプで仕切られるようになった。　1951.6　滝頭営業所　P：臼井茂信

1501の車内。定員は100名で室内灯は1400形と同様にチューブランプを2列に配置した。　1951.6　滝頭営業所　P：臼井茂信

### ■1500形　1501～1520

　燃料事情が好転してくると、バスやタクシーといった他の交通機関が発達してきて、市電の乗客が流出するようになった。このため交通局でも新型車輌の研究がはじまり、高加減速を重視して表定速度を上げることや、防音防振対策を施してサービスアップを図ることが検討された。こうした研究成果から登場したのが1500形で、1951（昭和26）年6月20日認可で日立製作所において20輌が製造された。

　車体は1D9D1で、定員は100（22）の中型ボギー車である。扉と窓ワクはプレス製品を使用して軽量化が図られている。モーターはTDK-526（25kW／300V）×4で、装架方式はつりかけ式である。制御器は日立MMC5Aで、間接制御となり発電ブレーキを常用した。主幹制御器にはデッドマン装置を設け、力行は直列8、並列7の合計15ノッチで、発電ブレーキは8ノッチであった。運転台では機器にカバーが付いたほか、横浜市電ではじめて運転士用の椅子が取り付けられた。CPはDH-16を搭載。電動発電機は持たないため補助電源は抵抗器で降圧した電源を使用した。台車は1329での試験結果を活かした防振構造で軸梁式のKL-20で、台車にはブレーキシリンダが2つ取り付けられている。1507の台車にはNTNのベアリングが使用されたが、他は平軸受となっていた。

　このように新形車ではあるが、在来形の範疇にあり、PCC車とは呼べない。

目新しい装備としては、前面の系統板を照らすための明示灯を取り付けたほか、追突事故を防止するためブレーキ動作時に点灯するストップランプ（ブレーキランプ）を車号の下部に設けた。塗色はメーカーからの到着時には上がクリーム、下がブルーの塗り分けであったが、営業開始時には屋根部分にもブルーが入り、細い白線が2本引かれた。この塗色は昭和30年代の横浜市電を象徴するカラーとなり1200形、1400形にも波及した。

　新製後は滝頭、麦田、生麦の各営業所に配置され、ほとんどの路線で活躍した。その後、ワンマン運転を実施するにあたり1967（昭和42）年12月11日認可で車輌設計変更が行われ、全車が直接制御式のKR-8に交換された。これは道路渋滞で牛歩状態となったため、レスポンスの遅い間接制御を止めることにしたためである。路線廃止が進んでくると1971（昭和46）年10月に1515が廃車され、翌年の全線廃止で残る19輌が廃車となった。

1501の台車。台車はKL-20形という軸梁式台車で、日立が開発した路面電車用の防振台車である。　　　1951.6　滝頭営業所　P：臼井茂信

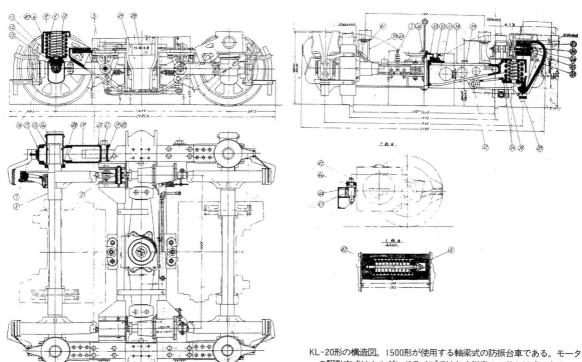

KL-20形の構造図。1500形が使用する軸梁式の防振台車である。モーターの駆動方式はカルダンドライブではなく従来のつりかけ式である。
所蔵：国立公文書館

試運転に出発する1500形1502。ストップランプには当初、丁寧にも英語でSTOPと標記されていた。　　　1951.6.18　滝頭営業所　P：中村夙雄

日本大通を横断する1500形1515。帝冠様式の神奈川県庁は大震災後の1928（昭和3）年に建てられた。　　　1956.2　日本大通県庁前　P：藤井　曄

馬車道を発車した1150形1158。1150形はストップランプの代わりに小型のマーカーランプを備える。　　　　1953.8.2　馬車道　P：伊藤　昭

■**1150形** 1151～1172

　1500形は横浜市電を代表する車輌となり好評を得ていた。しかし、製造費が高いことから増備は困難になっていた。そこで1500形と同じ車体でありながら、電装品の一部は手持ち品を流用して製造費を抑えた車輌を新造することになった。これが1150形で1953（昭和28）年8月6日認可により、宇都宮車輌とナニワ工機の共同受注で製造された。なお、将来経済的に余裕ができた際は、直接制御から間接制御に改造できるように配管が行われており、それまでの間は同じ中型ボギー車の1100形の派生グループとして1150形を名乗った。これが中途半端な形式となった理由である。1500形と

の差異は前後に大型の通風器を取り付けたことで、この点が1150形を見分けるポイントとなっている。また、運転台の窓下には方向指示器を取り付けている。

　1151～1155は宇都宮車輌（後の富士重工業宇都宮製作所）で製造されたもので、新造名義だが805、806、810、814、818が種車である。1156～1160はナニワ工機（後のアルナ工機）の製造で、これも新造名義だが820、821、824、830、832が種車になっている。台車は共に住友製のFS54を使用するが、認可上は1151～1155はBL21E2とある（KLの誤記ヵ？）。モーターは1151～1155がTDK-599P（30kW／600V）×2、1155～1160がTDK-526／1A（25kW／600V）×4だが、後年には

製造中の1150形1171。この車輌と1172はこれまでの工作技術の集大成として滝頭の局工場で製造された。　1954.12　局工場　P：藤井　曄

ぎ装工事の真只中にある1150形1171の車内。材料や工具が雑然と置かれ手作り感溢れた製造風景である。　　1954.12　局工場　P：藤井　曄

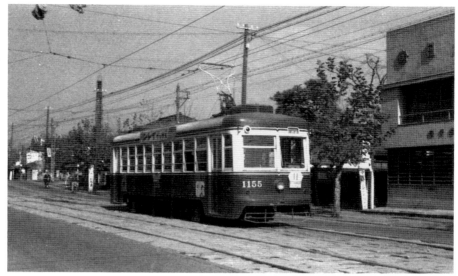

ワンマン仕様となっていた1150形1155。全国でも早期にバスのワンマン運転を実施した横浜市では、市電についてもワンマン運転を考えていた。しかし、横交労組の反対運動で中止となり一般仕様に戻されている。
1958.11　葦名橋
P：藤井　曄

日車製のNE40-D（40kW／600V）×2に交換された。制御器は泰平KR-8、CPはDH16である。このうち1155はワンマン仕様で登場して、DY24Bドアエンジンを装備してビューゲルも空気式となった。また、側面には出入口近くに外部スピーカーが付いた。しかし横交労組の反対によりワンマン運転は中止となり一般仕様に戻したが、一部の装備は存置した。

　これら10輛は1952（昭和27）年7月に完成している。続いて1953（昭和28）年11月24日認可で、1161〜1167がナニワ工機、1168〜1170が宇都宮車輛で製造された。このグループは側窓の上段がHゴム支持のスタンディングウィンドウとなり、台車は日立製のKL21でモーターがTDK-599P（30kW／600V）×2となった。制御器は泰平KR-8、CPはDH16。なお、生麦営業所から浅間町営業所に転属した1167〜1170の4輛は、モーターをTDK-526／1A（25kW／600V）×4に交換して登坂性能を向上させたようだ。

　1171と1172は1955（昭和30）年6月3日認可で局工場において製造された。台車は住友製のFS54を使用してモーターは日車製のTDK-599P（30kW／600V）×2であった。制御器は東洋DB1-K14、CPはDH16である。この2輛は運転台脇の窓に有機ガラス（アクリル

青ガエルこと東急5000系と顔をあわせた1158。
1957.5.19　桜木町駅前　P：市瀬哲雄（写真所蔵：荻原二郎）

車体更新工事を施工した1150形1152。ワンマン運転の準備として既に出入口の表示灯がある。　　　　　　　　　1967.10.10　麦田営業所　P：中村夙雄

ワンマン化工事施工前の1150形1171。後期のタイプはHゴム支持の窓が特徴であった。　　　　　　　　　　　1967.10.10　滝頭営業所　P：中村夙雄

ガラス）を使用した。室内灯は蛍光灯であったが後に廃車となった700形の六角形のグローブ灯に交換された。方向指示器は屋根の脇部にも取り付けて点滅するようにしたが後に撤去された。系統板明示灯を埋め込み式にして、側面のサボ受けの位置を上にずらした。1155と同じくDY24Bドアエンジンを装備して、ビューゲルも空気式となっていた。

　1150形の座席は、左右対称に配置されていて座席定員は26名であったが、この2輛は対称となっていて座席定員は30名となっていた。塗色は上半分がクリーム、下半分がブラウンで塗られていたが、約1年で他の1150形と同じ塗色に変更されてしまった。台車はFS54

の予備品を確保する関係から、1958（昭和33）年4月12日認可で1171が日立製のKL-21C、1172が同じく日立製のKBD-3に交換され、モーターも日車製のNE-40D（40kW/600V）×2に交換された。このため車体高は1171では8ミリ低くなり、1172では15ミリ高くなった。

　1150形は22輛が滝頭、麦田、生麦の各営業所に配置されたが、その後、ワンマン運転を実施するにあたり車輛設計変更が行われ、1967（昭和42）年12月11日認可で1151～1170、翌年6月29日認可で1171と1172が改造された。路線廃止が進むと1971（昭和46）年10月に4輛が廃車され、翌年の全線廃止で残る18輛が廃車となった。

13系統（補）葦名橋行に使用される1150形1172。拓銀が入っていたビルは建て替えられてすでに無い。　　　　　　　　　　　1967.10.10　本町4丁目　P：中村夙雄

製造中の1600形。1171と1172の製造により自信を深めた交通局では、滝頭の局工場で1600形6輌を製造することになった。町工場のような設備で鋼体の組立が行なわれた。
1957.11　局工場
P：藤井　曄

## ■1600形　1601～1606

　横浜市電の最後を飾る車輌で、1957（昭和32）年12月25日認可で6輌が局工場において製造された。車体長12000ミリで定員120（30）名の中型ボギー車であるが、扉の位置を非対称にした点が特徴である。前面窓は中央が大型となり、その両脇には有機ガラス（アクリルガラス）を使用した開閉可能の小窓を設けた。方向幕もバス用の大型タイプを取り付けた。扉はプレス製の4枚折戸としてドアエンジンを取り付けた。室内灯は蛍光灯を使用しているが天井と幕板の間に取り付けていた。外観からはわかりづらいが、車端部の台ワクがエアタンクを兼ねた直径160ミリのパイプになっている。車体の軽量化と床下スペースの有効活用が図れる画期的な構造であった。前照灯は自動車用のシールドビームを用いたもので、これは後に他車にも及んだ。外観は近代的だが従来どおりの直接制御式で、制御器は泰平KR-8であった。台車は日立製のKL-21Dで、モーターがTDK-599P（30kW／600V）×2となっている。滝頭、麦田、生麦の各営業所に配置されたが、ワンマン化改造の対象にならなかった。このため、1969（昭和44）年10月に4輌、翌年7月に2輌が廃車となり登場からわずか12年で形式消滅した。

▲1601のKL-21形台車。日立製の台車で1500形のKL-20形の改良型である。土佐電鉄の200形と600形の一部も使用した。
1957.11　局工場
P：藤井　曄

▶完成した1600形1601。カルダンドライブなど新機軸は採用されなかったが、大阪市電の3000形に丸みを待たせたような斬新なデザインであった。
1957.11　局工場
P：藤井　曄

1600形1602。製造後10年程が経過した姿。前面両脇の窓が開閉可能な落とし窓に改造された。　　　　1967.10.10　馬車道　P：中村夙雄

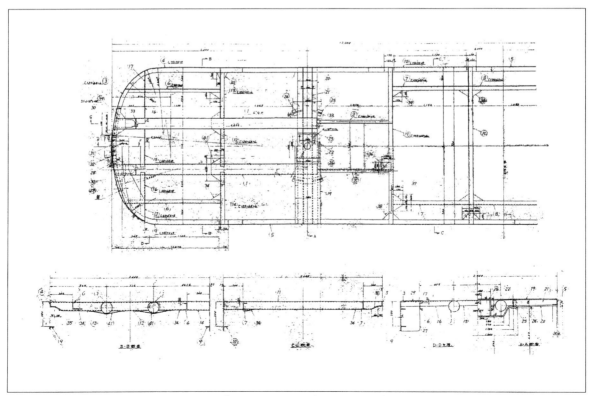

1600形の構造図。台ワクの前後には直径160ミリのパイプが使用され、これを空気制動用のタンクとして利用した。　　　所蔵：国立公文書館

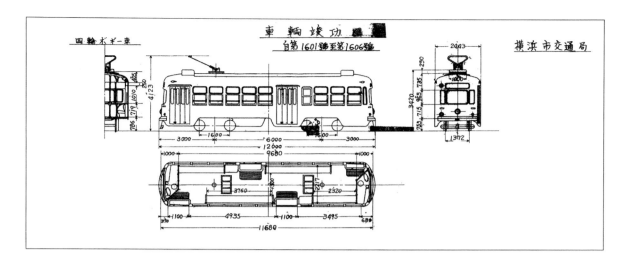

▲1600形の車輛竣功図表。これまでの横浜市電の常識を覆し扉の位置を非対称に配置していることがわかる。
所蔵：岡田誠一

▶1601の車内。扉の位置がこれまでの車輌とは違って非対称となり、車掌は中央の扉脇に乗務するようになった。室内灯は蛍光灯を使用している。
1957.11 局工場
P：藤井 曄

■表5　横浜市電諸元表（戦後製車輌の入籍時基準）

| 番号 | 自重 t | 定員 名 | 荷重 t | 最大寸法 長 mm | 幅 mm | 高 mm | BC間距離 mm | 制御装置 | 主電動機 形式 | 出力 kW | 電圧 V | 個数 | 歯車比 | 台車 形式 | 軸距 mm | 輪径 mm | 制動方式 |
|---|---|---|---|---|---|---|---|---|---|---|---|---|---|---|---|---|---|
| 801-805 | 11.0 | 90(20) | — | 10,000 | 2,430 | 3,500 | — | KR8 | GE-265G | 26 | 600 | 2 | 4.928 | ブリル21E改 | 2,800 | 660 | 手・電 |
| 806-810 | 11.0 | 90(20) | — | 10,000 | 2,430 | 3,500 | — | KR8 | GE-265G | 26 | 600 | 2 | 4.928 | ブリル21E改 | 2,800 | 660 | 手・電・空 |
| 811-832 | 11.0 | 90(20) | — | 10,000 | 2,421 | 3,500 | — | KR8 | TDK-599P | 30 | 600 | 2 | 4.928 | ブリル21E改 | 2,800 | 660 | 手・電・空 |
| 601-615 | 9.1 | 75(18) | — | 9,144 | 2,438 | 3,396 | — | 東洋・泰平 | GE-265G | 26 | 600 | 2 | 4.928 | ブリル76E2 | 2,591 | 660 | 手・電・空 |
| 3001-3030 | 16.5 | 120(36) | — | 13,620 | 2,480 | 4,190 | 7,000 | 東洋・三菱 | MB-172NRB | 37 | 600 | 2 | 4.130 | 汽車D14 | 1,400 | 660 | 手・電・空 |
| 1401-1410 | 17.0 | 120(36) | — | 13,600 | 2,443 | 4,123 | 7,000 | KR8 | TDK-508 | 37 | 600 | 2 | 4.200 | ブリル76E | 1,473 | 660 | 手・電・空 |
| 1501-1520 | 16.5 | 100(26) | — | 12,000 | 2,443 | 4,183 | 5,800 | 日立MMC-50 | TDK-526A | 25 | 600 | 4 | 5.760 | 日立KL20 | 1,600 | 660 | 手・電・空 |
| 1151-1155 | 15.5 | 100(26) | — | 12,000 | 2,443 | 4,144 | 5,800 | KR8 | TDK-599P | 30 | 600 | 2 | 4.130 | 住友FS54 | 1,650 | 660 | 手・電・空 |
| 1155-1160 | 16.0 | 100(26) | — | 12,000 | 2,443 | 4,144 | 5,800 | KR8 | TDK-526A | 25 | 600 | 4 | 5.760 | 住友FS54 | 1,650 | 660 | 手・電・空 |
| 1161-1170 | 15.5 | 100(26) | — | 12,000 | 2,443 | 4,144 | 5,800 | KR8 | TDK-526P | 30 | 600 | 2 | 4.130 | 日立KL21 | 1,600 | 660 | 手・電・空 |
| 1171-1172 | 15.5 | 100(30) | — | 12,000 | 2,443 | 4,141 | 5,800 | KR8 | TDK-599P | 30 | 600 | 2 | 4.130 | 日立KL21 | 1,600 | 660 | 手・電・空 |
| 1601-1606 | 15.5 | 100(30) | — | 12,000 | 2,443 | 4,123 | 6,000 | KR8 | TDK-599P | 30 | 600 | 2 | 4.130 | 日立KL21D | 1,600 | 660 | 手・電・空 |
| 8-10 | 6.0 | — | 5.0 | 6,400 | 2,159 | 3,581 | — | 川崎 | GE-265C | 26 | 600 | 2 | 6.142 | ブリル21E | 2,134 | 762 | 手・電 |
| 11-13 | 6.0 | — | 5.0 | 6,400 | 2,159 | 3,581 | — | 川崎 | GE-265C | 26 | 600 | 2 | 6.142 | ブリル21E | 2,134 | 762 | 手・電 |
| 21-26 | 9.0 | — | 5.0 | 7,968 | 2,211 | 4,161 | — | 川崎 | GE-52A | 20 | 600 | 2 | 6.142 | ブリル21E | 2,134 | 762 | 手・電 |
| 27-30 | 9.0 | — | 5.0 | 7,968 | 2,211 | 4,161 | — | 川崎 | GE-256C | 26 | 600 | 2 | 6.142 | ブリル21E | 2,134 | 762 | 手・電 |

注）数値・データは入籍時のもの。　　　　　　　　　　　　　　　　出典：「横浜市交通局竣功図表」より作成

## 単車の整理と各種改造

1500形と1150形が増備されるとその陰で単車が廃車となった。これはボギー車1輛を増備して単車2輛分を整理するという方針に沿ったもので、1951(昭和26)年1月10日届で300形16輛、400形1輛が廃車となった。さらに同年8月16日届では300形11輛が廃車となり、翌年には300形が形式消滅した。なお、後述するように電動貨車の種車となるものもあった。

1951(昭和26)年11月21日認可でボギー車の中部車掌を廃止するため、1001～1020、1201～1205、1301～1330の中央扉にDY24形ドアエンジンを取り付けた。

中部車掌は1951(昭和26)年1月8日から日中と夜間に廃止したが、完全に廃止されたのは1956(昭和31)年2月5日である。この終日廃止に伴いボギー車のバンパーを白く塗って区別した。

1953(昭和28)年3月10日認可で1011を間接制御に改造した。これは東芝から機器を無償貸与されたもので、制御器はPM3C、主幹制御器はKCD1-D形に交換した。しかし、1329の場合と同じく試験の域を超えることができず後に原型に復された。

1953(昭和28)年8月29日認可で402、416、417、419～423のモーターをMB-82L(26kW／600V)から川崎K6-353A(25kW／600V)に換装した。また、1103

■表6　300・400形廃車年月日

(作成：澤内一晃)

| 車号 | 年月日 | 備考 |
|---|---|---|
| 300 | 昭和24年3月23日 | 電動貨車化 |
| 301 | 昭和8年12月22日 | |
| 302 | 昭和8年12月22日 | |
| 303 | 不明 | 戦災全焼 |
| 304 | 昭和8年12月22日 | |
| 305 | 不明 | 戦災全焼 |
| 306 | 昭和26年1月10日 | |
| 307 | 昭和26年8月16日 | |
| 308 | 昭和8年12月22日 | |
| 309 | 昭和8年12月22日 | |
| 330 | 昭和24年3月23日 | 電動貨車化 |
| 331 | 昭和24年3月23日 | 電動貨車化 |
| 332 | 昭和26年1月10日 | |
| 333 | 不明 | 戦災全焼 |
| 334 | 昭和26年8月16日 | |
| 335 | 昭和12年3月2日 | |
| 336 | 昭和26年8月16日 | |
| 337 | 不明 | 戦災全焼 |
| 338 | 昭和26年1月10日 | |
| 339 | 昭和26年8月16日 | |
| 340 | 不明 | 戦災全焼 |
| 341 | 昭和26年1月10日 | |
| 342 | 昭和26年1月10日 | |
| 343 | 昭和24年3月23日 | 電動貨車化 |
| 344 | 昭和26年1月10日 | |
| 345 | 不明 | 戦災全焼 |
| 346 | 昭和26年8月16日 | |
| 347 | 昭和24年3月23日 | 電動貨車化 |
| 348 | 昭和26年8月16日 | |
| 349 | 昭和24年3月23日 | 電動貨車化 |
| 350 | 昭和26年8月16日 | |
| 351 | 昭和26年8月16日 | |
| 352 | 不明 | 戦災全焼 |
| 353 | 昭和22年10月30日 | 戦災全焼 |
| 354 | 不明 | 戦災全焼 |
| 355 | 昭和26年1月10日 | |
| 356 | 昭和26年1月10日 | |
| 357 | 昭和26年1月10日 | |
| 358 | 昭和26年1月10日 | |
| 359 | 不明 | 戦災全焼 |
| 360 | 昭和26年1月10日 | |
| 361 | 不明 | 戦災全焼 |
| 362 | 不明 | 戦災全焼 |
| 363 | 昭和26年8月16日 | |
| 364 | 昭和26年8月16日 | |
| 365 | 昭和27年9月15日 | |
| 366 | 不明 | 戦災全焼 |
| 367 | 昭和27年9月15日 | |
| 368 | 昭和26年1月10日 | |
| 369 | 不明 | 戦災全焼 |

| 車号 | 年月日 | 備考 |
|---|---|---|
| 370 | 不明 | 戦災全焼 |
| 371 | 昭和26年1月10日 | |
| 372 | 昭和26年1月10日 | |
| 373 | 昭和27年9月15日 | |
| 374 | 昭和24年3月23日 | 電動貨車化 |
| 375 | 昭和26年1月10日 | |
| 376 | 昭和26年1月10日 | |
| 377 | 昭和26年1月10日 | |
| 378 | 昭和26年8月16日 | |
| 379 | 昭和26年1月10日 | |
| 380 | 昭和27年9月15日 | |
| 400 | 昭和23年10月20日 | →401(Ⅱ)に改番 |
| 401 | 昭和23年10月27日 | 電動貨車化 |
| 401(Ⅱ) | 昭和27年7月15日 | |
| 402 | 昭和38年12月※ | |
| 403 | 昭和27年7月15日 | |
| 404 | 昭和27年7月15日 | |
| 405 | 昭和27年7月15日 | |
| 406 | 昭和26年1月10日 | |
| 407 | 昭和27年7月15日 | |
| 408 | 昭和23年10月27日 | 電動貨車化 |
| 408(Ⅱ) | 昭和27年7月15日 | |
| 409 | 昭和27年7月15日 | |
| 410 | 昭和27年7月15日 | |
| 411 | 昭和27年7月15日 | |
| 412 | 昭和27年7月15日 | |
| 413 | 昭和27年7月15日 | |
| 414 | 昭和23年10月27日 | 電動貨車化 |
| 414(Ⅱ) | 昭和27年7月15日 | |
| 415 | 昭和27年7月15日 | |
| 416 | 昭和23年10月20日 | →408(Ⅱ)に改番 |
| 416(Ⅱ) | 昭和38年12月※ | |
| 417 | 昭和23年10月27日 | 電動貨車化 |
| 417(Ⅱ) | 昭和38年12月※ | |
| 418 | 昭和23年10月27日 | 電動貨車化 |
| 418(Ⅱ) | 昭和27年7月15日 | |
| 419 | 昭和23年10月20日 | →414(Ⅱ)に改番 |
| 419(Ⅱ) | 昭和41年7月※ | |
| 420 | 昭和41年3月※ | |
| 421 | 昭和41年7月※ | |
| 422 | 昭和41年3月※ | |
| 423 | 昭和42年3月※ | |
| 424 | 昭和27年7月15日 | |
| 425 | 昭和27年7月15日 | |
| 426 | 昭和27年7月15日 | |
| 427 | 昭和23年10月27日 | 電動貨車化 |
| 428 | 昭和23年10月20日 | →416(Ⅱ)に改番 |
| 429 | 昭和23年10月20日 | →417(Ⅱ)に改番 |
| 430 | 昭和23年10月20日 | →418(Ⅱ)に改番 |
| 431 | 昭和23年10月20日 | →419(Ⅱ)に改番 |

※は横浜市交通局車輛増減表より加筆

出典：「運輸省文書」「件名簿」(和久田康雄氏蔵)

〜1105のモーターは予備品を常備するという理由でMB-172LR（37kW／600V）からＭＢ-172NRB（37kW／600V）に換装した。また、1103についてはLH台車に亀裂が入ったため、1329が履いていたD-14に換装した。このほか1205のモーターをTDK-508/1-A（37kW／600V）からMB-172NRB（37kW／600V）に換装した。

1953（昭和28）年12月3日認可では1001〜1020、1201〜1205のブレーキシリンダーを1個から2個に増設した。

無軌条電車111。都市型トロリーバスとして最後に登場した路線で、営業当初からワンマン運転が実施された点が特徴であった。
1959.7.20 浅間町営業所
P：長谷川弘和

■無軌条電車（トロリーバス）について

　トロリーバスとは、動力がエンジンではなくモーターによるもので、車体の上に集電装置であるトロリーポールを設けたことからトロリーバスと呼ばれる。バスと似ているため自動車に分類してもよさそうだが、法規上は軌道または鉄道に分類され正式には無軌条電車と呼ばれる。都市型タイプは1932（昭和7）年に京都市電気局で運行されたのが初めてで、横浜市交通局では1959（昭和34）年7月16日に三ツ沢西町〜横浜駅西口〜常盤園前を開通させている。同年12月1日には三ツ沢西町〜常盤園前を延長して環状運転が始まった。担当は浅間町無軌条電車営業所（後に浅間町営業所と改称）であった。

　横浜市のトロリーバスは当初からワンマン運転であったことが特徴である。これに先立ち1959（昭和34）年2月19日に無軌条電車運転規則の一部が改正され、車掌が乗務していない単独運転車輌を運転する取扱方が決められた。通常のバスとは違い、屋根にトロリーポールを2本取り付けてあるが、このポールを監視するために運転台上の通風器にミラーを取り付けている。車輌については100形と呼ばれ、1959（昭和34）年7月に101〜112が新製され、翌年7月に113〜115が増備された。これらは車体が東急車輌製で定員は100名。座席は前方がロングシートで後方がクロスシート。シャーシは三菱ふそうTB14形。モーターは直流直巻式の日立製ＨＳ506DRB（100kW）×1を搭載した。1962（昭和37）年10月には116〜118、翌年11月には119、120が増備された。シャーシとモーターは変わらないが車体は富士重工製となった。座席がオールロングシートで定員は94名である。

　さらに、1967（昭和42）年4月に廃止となった川崎市交通局のトロリーバスのうち、701〜704を購入してワンマン化改造を施工のうえ121〜124とした。116〜120と似ているがモーターが東洋製TDK-134-1-B（100kW）×1で定員は89名と少なかった。

　トロリーバスは市電に比べて建設費が安いため注目を浴びたが、バスと比べると電気設備に大きな投資が必要となり、日本ではあまり普及はしなかった。横浜市でも市電廃止の代替として、1963（昭和38）年の「総合基幹計画」改訂版で、トロリーバスの延長が検討されたが実現はしなかった。横浜市のトロリーバスは、1961（昭和36）年以降、黒字経営を続けており廃止計画には入っていなかったが、車輌と電気設備の老朽化により新たに投資する必要が生じたため、市電と同時に1972（昭和47）年3月31日に廃止となった。これにより都市型のトロリーバスは全国から姿を消してしまった。

87

1948(昭和23)年に製作された電動有蓋貨車21。400形の改造名義だが、実際には300形の部品を流用した。トラック輸送が充分でなかった時代に、中央市場から野菜の運搬などに使用された。本車は1954(昭和29)年に電動無蓋貨車に改造されている。　1948.12.7　滝頭営業所　P：中村夙雄

■電動貨車　8～13、21～23

　関東大震災以前は市電を使った貨物輸送が日常的に行なわれていた。しかし、震災後はトラックなどが普及するようになり、横浜市電では事業用以外の電動貨車は廃車となり、わずかに電動無蓋貨車7のみが戦後まで残った。横浜市電の軌道は戦時中の労力と資材の入手不足により損傷が著しく、終戦後は進駐軍の重量トラックが頻繁に通過するようになって、損傷状況はさらに悪化していた。このため、軌道補修資材運搬用として再び電動貨車が必要となった。1946(昭和21)年12月には電動有蓋貨車3輌と電動無蓋貨車3輌の車輌増備認可を申請したが、戦災により休車となっていた400形6輌を改造する計画に変更していったん申請を取下げた。その後、1948(昭和23)年10月27日認可で電動有蓋貨車21～23、電動無蓋貨車8～10(2代目)が改造された。名儀上の種車は401、408、414、417、418、427であるが実際は300形の改造で、施工は滝頭の局工場の裏にあった横浜車輌製作所で行なわれた。この会社は今でいう協力会社のようなものと思われる。他に713～717を製造しているが、その後この会社は解

無番号の牽引機。滝頭の局工場を訪ねると必ず目に入ったのが小型の牽引機であった。L型のスタイルで運転台には最低限の設備が付いていた。屋根にはビューゲルが載っているが前照灯は付いていない。空気制動を装備していて、ネコの額のような荷台にコンプレッサーとエアタンクが取り付けられていた。台車は1200形が履いていたと思われるKLD13を使用していた。　1967.10.10　滝頭営業所　P：中村夙雄

電動有蓋貨車30。300形を種車に1949（昭和24）年に製作された増備車で、21〜23とは側窓の構造が異なる。1953（昭和28）年にモーターを交換して、1963（昭和38）年まで活躍した。
1954.12 滝頭営業所
P：藤井 曄

散してしまったようだ。

　電動有蓋貨車の21〜23は全長7968ミリ、幅2211ミリで荷重は5トンであった。車体は木製で丸屋根形状となっていて、車体中央部に荷物用の引き戸を備えた。モーターはGE-52A（20kW／600V）×2、制御器は川崎K-14。台車はブリル21Eを使用した。空気制動はなく昔ながらのアックレー式手動制動機を用いた。なお、実際の完成は1947（昭和22）年12月であった。

　電動無蓋貨車の8〜10は全長7922ミリ、幅2350ミリで荷重は5トンであった。形状は大正時代に登場したものを踏襲したもので、車体中央部にポール柱を兼ねたジャッキを備えた。レールや枕木、バラストなどのほか、冬季には米軍宿舎への石炭輸送にも使われた。モーターはGE-52A（20kW／600V）×2、制御器は川崎K-4で台車はブリル21Eを使用した。空気制動はなく手動制動機を用いた。なお、実際の完成は1947（昭和22）年9月であった。

　1949（昭和24）年3月23日の亘輛改造届で電動有蓋貨車24〜30が増備された。これは1949（昭和24）年11月10日から中央市場引込線が営業したのに伴い、荷物の輸送を全線にわたり円滑に行なうためのもので、老朽化した300形を改造した。種車は300、330、331、343、347、349、374の7輌で局工場において施工した。制御器は川崎K-4、台車はブリル21Eを使用した。空気制動はなく手動制動機を用いた。モーターはGE-52A（20kW／600V）×2であったが、27〜30は1953（昭和28）年8月29日認可でGE-265C（26kW／600V）×2に換装した。

　電動有蓋貨車は中央市場から野菜などを市内各所に運ぶことに用いられたが、トラック輸送が主流になると余剰が発生した。一方で全線の軌道工事を行なうためには4輌の電動無蓋貨車だけでは足りず、新線建設用を含めて増備を図ることとなり、21〜23を種車とした。これらは1954（昭和29）年9月15日認可で、局工場において改造され11〜13（2代目）となったが、運転台に屋根の無いタイプであった。なお、実際の完成は1954（昭和29）年4月21日である。その後、電動有蓋貨車24〜27は1954（昭和29）年5月21日に廃車となり、残る27〜30は1963（昭和38）年までに姿を消した。電動無蓋貨車も1969（昭和44）年7月に8が廃車となり10が最後まで残った。なお、8と10は車体更新工事を受け運転台の窓がHゴムとなった。そして、横浜市電全廃時には最後の花電車の栄誉が与えられた。

更新工事前の貨車10。後ろの貨車8は更新工事を受けたが1969（昭和44）年と廃車となった。
1967.10.10 滝頭営業所　P：中村夙雄

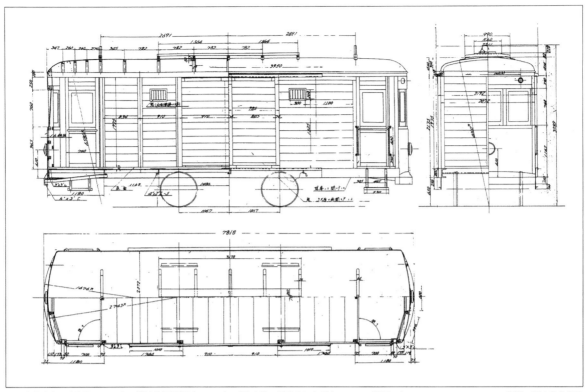

電動有蓋貨車の構造図。1948年に横浜車輌製作所で400形の改造名儀で製作された貨車21〜23の図面である。　　所蔵：国立公文書館

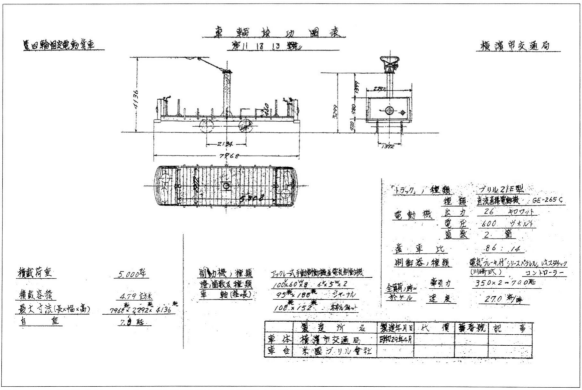

貨車11〜13の車輌竣功図表。1954年に電動有蓋貨車21〜23を改造した電動無蓋貨車。運転台に屋根が付いていないタイプであった。　　所蔵：岡田誠一

尾上町通りを行く1100形1105。世相も落ち着き、撤去されていた座席もロングシートで復活しているのが判る。　1953.8.2　馬車道　P：伊藤 昭

## 最盛期を迎えた横浜市電

　1952（昭和27）年8月1日、地方公営企業法が施行された。交通局も公共企業体となり一般会計から切り離されて独立採算制となった。企業の経済性を求めながら公共の福祉の増進を進めるために施行された法律だが、相反する目的を達成することは容易ではなかった。昭和30年代前半が横浜市電の最盛期で、巻末の表で掲げたとおり井土ヶ谷線、根岸線といった新線が建設され営業キロ数は51キロを超えた。1959（昭和34）年6月2日には開港100年という節目を迎えるに当たり、横浜市全体はお祭りムードに包まれた。外板に祝賀看板を取り付けることになったが、車輌の最大幅が拡大するため、1958（昭和33）年4月12日認可で車輌設計変更および道路横断定規図の変更が行われている。

　なお、車体側面の上部のコマーシャル看板はその後も継続したが、美観を損ねることから東京オリンピック直前の1964（昭和39）年5月までに取り外した。

　400形は老朽化が目立ってきたことから、1960（昭和35）年9月22日認可で402、419、421～423の腰板と柱を鋼板張りに改造した。前照灯は1600形と同じように自動車用のシールドビームに交換したが、これはその後全車に及んでいる。昭和30年代に入ると自動車が洪水のように溢れ接触事故も多発したため、1961（昭和36）年からクリームに青帯のカラーに変更して視認度を向上させた。さらに1964（昭和39）年度からは色が濃くなり、このカラーが最後まで続く。

　1200形は1967（昭和42）年に1300形と同様に車体の更新工事を受けたが、ワンマン化改造は施工されず、1970（昭和45）年7月に廃車となった。

横浜市電の修繕・新造工事を一手に引き受けていた滝頭修繕工場。通常は局工場または工場で通用した。写真右側から第一修繕工場、第二修繕工場、第三修繕工場と呼ばれていた。当時は1500形や1150形がずらりと並んで壮観であった。「雑談やわき目 泣き言怪我のもと」という標語が泣かせる。
　1954.12　局工場
　　P：藤井 曄

ワンマン化改造を受けた1516とダイヤモンドカットの東急7200系が出合う。市電の線路も横浜方向がアスファルトで埋められ、廃止が迫ったことを実感させる。　　　1972.3.29　桜木町　P：荻原二郎

◀1967（昭和42）年12月18日から4・5系統がワンマン運転を開始したのを皮切りに、順次拡大が行なわれた。前面に「ワンマンカー」の表示灯が付いたことで1500形も野暮ったくなってしまった。
1970.6 市庁前
P：瀧藤岩雄

▼停留場で市電を待つおじいさん。その傍らをフォード・コルティナが走り去って行く。
1968.8.27 境の谷
P：瀧藤岩雄

## ワンマン運転そして全廃

　昭和40年代に入ると市内各地で大渋滞が発生するようになった。1961（昭和36）年10月21日から許容されていた軌道内の自動車通行は、1965（昭和40）年に大幅に拡大されて市電の正常運行は不可能となった。また、収入の減少が続き交通局の財政は悪化した。そして、交通事業再建5ヵ年計画が策定され市電廃止が盛り込まれた。廃止の第一号は1966（昭和41）年7月31日の生麦線で、以後計画的に廃止が進められた。市電職員については、市営地下鉄や市長部局への配置転換が図られ、廃止路線については代替バスの運行で解決

した。大きな廃止反対運動が起こらなかったのは、飛鳥田一雄市長の支持母体であった横交労組との関係があったからで、全国的にも特異なケースといえる。

　1966（昭和41）年11月1日には自治省から財政再建団体の指定を受け、横浜市では再建計画を見直すことになった。増加する人件費を抑制するためにワンマン運転を実施することになり、1967（昭和42）年12月11日認可で、1101〜1105、1151〜1170、1501〜1520の45輌、1968（昭和43）年6月29日認可で1171、1172の2輌がワンマン化改造工事を施工した。この際、1500形は制御方式を間接式から直接式に変更した。

　1971（昭和46）年3月20日、山元町線が廃止となったことで車掌乗務が消滅して、ワンマン運転を行なう3路線のみが残された。それらも1972（昭和47）年3月31日に廃止となり、ついに横浜市電は全廃となった。1904（明治37）年から走り続けたハマの路面電車は姿を消した。

■表7　車輌在籍明細表　　　昭和43年9月1日現在

| 車庫 形式 | 滝頭 | 浅間町 | 麦田 | 計 |
|---|---|---|---|---|
| 500 | | | 506、508、511、512、523　5輌 | 5輌 |
| 600 | 602、604、606〜608　5輌 | 609、611、615　3輌 | | 8輌 |
| 小計 | 5輌 | 3輌 | 5輌 | 13輌 |
| 1000 | 1001〜1017　17輌 | | 1018〜1020　3輌 | 20輌 |
| 1100 | | | 1101〜1105　(5)輌 | (5)輌 |
| 1150 | | | 1151〜1160　(10)輌 | (10)輌 |
| 1150 | | 1161〜1170　(10)輌 | | (10)輌 |
| 1150 | | | 1171〜1172　(2)輌 | (2)輌 |
| 1200 | 1201〜1205　5輌 | 5輌 | 1300 | |
| 1300 | 1301〜1312　12輌 | 1314〜1323　10輌 | 1324〜1330　7輌 | 29輌 |
| 1400 | 1401〜1410　10輌 | | | |
| 1500 | | 1501〜1510　(10)輌 | 1511〜1520　(10)輌 | (20)輌 |
| 1600 | 1601〜1606　6輌 | | | 6輌 |
| 小計 | 50輌 | 30(20)輌 | 37(27)輌 | 117(47)輌 |
| 線計 | 55輌 | 33(20)輌 | 42(27)輌 | 130(47)輌 |
| 計画運転輌数 | 47輌 | 27(16)輌 | 35(21)輌 | 109(37)輌 |

（　）ワンマンカーを示す

1970（昭和45）年7月10日に6・8系統がワンマン運転を開始する際のポスター。乗車方法が細かく記載されている。　　　所蔵：岡田誠一

戦前製の1100形1100も使いやすい構造のため、5輌すべてがワンマン化改造を施工された。　　　1970.11.10　葦名橋　P：荻原二郎

▲最も横浜市電らしい場所といえば元町－麦田町のトンネルであろう。トンネル内は速度が20km/hに制限されていて、対向車が走行している場合は手前で待機した。　1967.10.10　麦田町　P：中村夙雄

▶ついに横浜市電は最終日を迎えた。貨車10は花電車となり523も整備されてハマの街を走った。
1972.3.31　桜木町駅前
　　P：荻原二郎

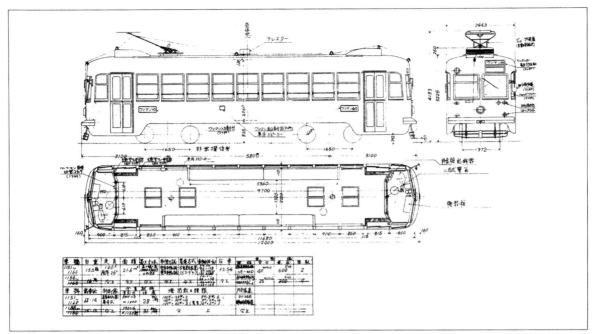

1150形（ワンマン改造車）の車体外形図。横浜市電の経営は厳しさを増して1966年11月1日には財政再建団体指定の第一号となった。増加する人件費を抑制するため、1967年からワンマン運転を実施することになり横交労組との交渉に入った。また、同年9月2日付で運輸省鉄道監督局長、建設省道路局長から「車掌を省略する車両の構造、運転取扱い等について」という通達が出されて、ワンマン運転用車両の構造の詳細が決められた。交通局ではこの通達にしたがって車両の改造を進めることになる。外部の改造箇所は前面と出入口附近に「ワンマンカー」の表示灯を設置、車外スピーカーの設置、自動昇降式のビューゲルへの交換、避雷器の屋根上移設、トロリーキャッチャーの取り付けを行なった。車内の改造点は出入口に光電式のセンサーの設置、放送装置の設置などで、内外にはミラーを取り付けている。改造費は1輌当たり約100万円。1500形は直接制御への改造も行われた。　　所蔵：岡田誠一

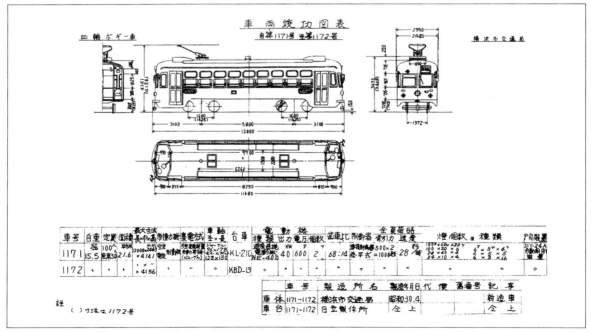

1150形1171・1172の車輌竣功図表。1150形は1170までが車輌メーカーで製造されたが1171と1172は滝頭の局工場で製造することになった。この2輌は試作的な要素が取り入れられて、塗装もクリームとブラウンのツートンカラーとなって登場した。腰掛も対称に配置して4名増の30名となっている。側面にあった方向指示器は雨樋を取り付けた際に撤去した。この竣功図表はワンマン運転を行なう際のものである。なお、2輌とも台車はFS54で登場したが1958年にKL-21CまたはKBD13に交換している。

所蔵：岡田誠一

## ■表8　車輌増減一覧表（貨車を除く）

| 年月日 | 輌数 | 車号 | 合計数 | 備　考 | 年月日 | 輌数 | 車号 | 合計数 | 備　考 |
|---|---|---|---|---|---|---|---|---|---|
| 明37 | 22 | 1～22 | 21 | 新製（7号欠番　23号に改番か） | 昭26.1.10 | -17 | 306～377※ | 221 | 老朽化により廃車 |
| 明39 | 6 | 24～29 | 28 | 新製 | | -1 | 406 | 220 | 〃 |
| 明43 | 5 | 31～35 | 33 | 〃 | 昭26.6.20 | 20 | 1501～1520 | 240 | 新製 |
| 明44 | 13 | 36～48 | 46 | 〃 | 昭26.8.16 | -11 | 307～378※ | 229 | 老朽化により廃車 |
| 明45 | 15 | 49～63 | 61 | 〃 | 昭27.7.15 | -17 | 401、403～405 407～415、418 424～426 | 212 | 〃 |
| 大2 | 30 | 64～93 | 91 | 〃 | | | | | |
| 大4 | 2 | 94～95 | 93 | 譲受（東京市） | | | | | |
| 大8 | 6 | 96～101 | 99 | 〃（ 〃 ） | 昭27.9.15 | -5 | 365、367、373、379、380 | 207 | 老朽化により廃車 |
| 大9 | 4 | 102～105 | 103 | 〃 | | | | | |
| | 12 | 106～120 | 115 | 新製（108～110号欠番） | 昭28.8.6 | 10 | 1151～1160 | 217 | 新製 |
| 大10 | 10 | 121～130 | 125 | 譲受（東京市） | 昭28.9.1 | -17 | 805～822※ | 200 | 老朽化により廃車 |
| 大11.1.10 | 20 | 131～150 | 145 | 新製 | 昭28.11.24 | 10 | 1161～1170 | 210 | 新製 |
| 大11.2.10 | -1 | 4 | 144 | 老朽車を無蓋貨車に改造 | 昭30.6.3 | 2 | 1171、1172 | 212 | 〃 |
| 大12.6.8 | -1 | 105 | 143 | 老朽化により廃車 | 昭31 | -6 | 808～831※ | 206 | 老朽化により廃車 |
| 大12.9.1 | -84 | 1～148※ | 59 | 関東大震災にて焼失、破損 | 昭32.12.25 | 6 | 1601～1606 | 212 | 新製 |
| 大13.3.25 | 29 | 200～228 | 88 | 〃 | 昭33.3 | -7 | 801～829※ | 205 | 老朽化により廃車 |
| 大13.7.1 | 41 | 151～191 | 129 | 譲受（京王・大阪市） | 昭38.9 | -1 | 804 | 204 | 〃 |
| 大13.9.30 | 10 | 300～309 | 139 | 新製 | 昭38.12 | -3 | 402、416、417 | 201 | 〃 |
| 大14.8.5 | 20 | 400～419 | 159 | 新製（旧310～329号） | | -3 | 706～713※ | 198 | 〃 |
| 大14.11.5 | 25 | 340～364 | 184 | 新製 | | -1 | 423 | 197 | 〃 |
| 大14.11.14 | -25 | 3～176※ | 159 | 老朽化により廃車台車と電動機新車に取付け | 昭40.9 | -4 | 701～715※ | 193 | 〃 |
| | | | | | | -1 | 803 | 192 | 〃 |
| 大15.1.31 | 10 | 330～339 | 169 | 新製 | 昭41.3 | -2 | 420、422 | 190 | 〃 |
| 大15.8.17 | 12 | 420～431 | 181 | 〃 | | -2 | 704、716 | 188 | 〃 |
| 昭2.7.9 | 16 | 365～380 | 197 | 改造 | 昭41.7 | -2 | 419、421 | 186 | 〃 |
| | -16 | 18～188※ | 181 | 老朽化により廃車 | | -2 | 702、703 | 184 | 〃 |
| 昭3.3.31 | 40 | 500～539 | 221 | 新製　昭23.10車号変更により500号を545号に改番。 | 昭42.8 | -2 | 502、519 | 182 | 路線撤去により廃車 |
| | | | | | | -2 | 705、710 | 180 | 〃 |
| | -11 | 14～190※ | 210 | 老朽化により廃車 | | -1 | 1313 | 179 | 火災事故により廃車 |
| 昭3.6.19 | 20 | 540～559 | 230 | 新製 | 昭42.12 | -4 | 711～717※ | 175 | 路線撤去により廃車 |
| 昭3.8.15 | 20 | 1000～1019 | 250 | 昭23.10車号変更により1000号を1020号に改番 | 昭43.3 | -4 | 503～540※ | 171 | 〃 |
| 昭4.9.21 | -2 | 75、76 | 248 | 老朽化により廃車 | 昭43.9.1 | -41 | 501～545※ 601～614 | 130 | 〃 |
| 昭5.1.31 | -8 | 15～89※ | 240 | 〃 | | | | | |
| 昭7.3.22 | -10 | 90～174※ | 230 | 〃 | 昭44.4.1 | -9 | 506、508、512 606、607、608 609、611、615 | 121 | 人員削減のため |
| 昭7.6.18 | -10 | 157～191※ | 220 | 〃 | | | | | |
| 昭7.12.27 | -10 | 137～189※ 210、211 | 210 | 〃 | 昭44.7.1 | -10 | 511、523、602 604、1011、1014 1015、1016、1017 1012 | 111 | 路線撤去により廃車 |
| 昭8.12.22 | -10 | 116～145、212 301～309※ | 200 | 〃 | | | | | |
| 昭11.12.24 | 5 | 1100～1104 | 205 | 昭23年10月車号変更により1100号を1105号に改番 | 昭44.10.11 | -22 | 1001、1003、1006 1010、1306、1307 1309、1312、1315 1316、1317、1319 1322、1325、1403 1405、1409、1410 1603、1604、1605 1606 | 89 | 路線撤去およびワンマン運転により廃車 |
| 昭12.3.2 | -10 | 112～150※ 209～214、335 | 195 | 老朽化により廃車 | | | | | |
| 昭14.3.13 | 3 | 701～703 | 195 | 改造 | | | | | |
| | -3 | 207、208、215 | | | | | | | |
| 昭15.2.3 | 2 | 704、705 | 197 | 新製 | | | | | |
| 昭16.9.12 | 4 | 706～709 | 197 | 改造 | 昭45.7.10 | -27 | 1002、1004、1005 1007、1008、1009 1013、1018、1019 1020、1201、1202 1203、1204、1205 1308、1318、1328 1330、1401、1402 1404、1405、1407 1408、1601、1602 | 62 | 〃 |
| | -4 | 200～222※ | | | | | | | |
| 昭17.6.20 | 5 | 2600～2604 | 202 | 昭23年10月車号変更により2600号を1205号に改番 | | | | | |
| 昭21.12 | 10 | 801～810 | 212 | 新製 | | | | | |
| 昭21 | -13 | 202～226※ | 199 | 老朽化により廃車 | | | | | |
| 昭22 | -3 | 201～228※ | 196 | 〃 | | | | | |
| 昭22.3 | -15 | 300～374※ | 181 | 戦災焼失および老朽化により廃車 | 昭46.3.20 | -15 | 1301～1329※ | 47 | 〃 |
| | -15 | 500～557※ | 166 | 戦災により600形へ15輌を改造 | 昭46.10.31 | -5 | 1154、1155、1166 1172、1515 | 42 | 〃 |
| | 8 | 710～717 | 174 | 新製 | | | | | |
| 昭22.5 | 22 | 811～832 | 196 | 新製 | | | | | |
| | 15 | 601～615 | 21 | 〃 | | | | | |
| 昭23.6.17 | 30 | 3001～3030 | 241 | 新製（昭23年10月車号変更により1301～1330号に改番） | 昭47.3.31 | -42 | 1101～1105 1115～1153 1156～1165 1167～1171 1501～1514 1516～1520 | 0 | 路線撤去により廃車（ワンマン改造車） |
| 昭23.10.27 | -6 | 401、408、414 417、418、427 | 235 | 電動貨車に改造 | | | | | |
| 昭24.2.3 | 10 | 1401～1410 | 245 | 〃 | | | | | |
| 昭24.3.23 | -7 | 300～374※ | 233 | 老朽化により廃車 | | | | | |

※は車号の一部を省略したもの

出典：「横浜市交通局車輌増減一覧表」

## ■表9　路線開業年表

(作成：澤内一晃)

| 開業 | | 廃止・移設 | | |
|---|---|---|---|---|
| 明治37（1904）年7月15日 | 神奈川（横浜駅前）－大江橋 | | | |
| 明治38（1905）年7月24日 | 大江橋－西ノ橋（元町） | | | |
| 明治38（1905）年12月25日 | 住吉町迂回線、「税関回り」 | | | |
| 明治44（1911）年12月23日 | 馬車道－駿河橋 | | | |
| 明治44（1911）年12月26日 | 西ノ橋（元町）－本牧三溪園前 | | | |
| 明治45（1912）年4月13日 | 駿河橋－八幡橋 | | | |
| 大正2（1913）年2月21日 | 戸部橋－日本橋 | | | |
| 大正2（1913）年9月13日 | 駿河橋－お三の宮 | | | |
| 大正3（1914）年9月9日 | お三の宮－弘明寺 | | | |
| 大正5（1916）年10月21日 | 高島町－戸部橋 | 大正5（1916）年2月21日 | 高島町－大江橋 | 移設 |
| 大正13（1924）年4月1日 | 本牧三溪園前－間門 | | | |
| 大正14（1925）年4月20日 | 八幡橋－磯子 | | | |
| 大正14（1925）年11月5日 | 磯子－聖天橋 | | | |
| 昭和2（1927）年3月17日 | 聖天橋－杉田 | | | |
| 昭和2（1927）年3月20日 | 千歳橋－花園橋 | | | |
| 昭和2（1927）年9月26日 | 長者町五丁目－石川町五丁目 | 昭和2（1927）年5月12日 | 霞町－初音町 | 移設 |
| 昭和2（1927）年12月20日 | 青木橋－洪福寺前 | | | |
| 昭和3（1928）年5月15日 | 浜松町－久保町、日本大通県庁前－花園橋 | | | |
| 昭和3（1928）年5月29日 | 西平沼橋－野毛坂 | | | |
| 昭和3（1928）年6月1日 | 横浜駅前－滝坂 | | | |
| 昭和3（1928）年6月16日 | 吉野町三丁目－睦橋 | 昭和3（1928）年6月16日 | 千歳橋－中村橋 | 移設 |
| 昭和3（1928）年6月21日 | 青木橋－東神奈川駅西口 | 昭和3（1928）年6月25日 | 「税関回り」 | 廃止 |
| 昭和3（1928）年8月27日 | 石川町五丁目－山元町、阪東橋－浦舟町 | 昭和3（1928）年7月6日 | 初音町－坂東橋 | 移設 |
| 昭和3（1928）年10月25日 | 尾上町－本町四丁目 | 昭和3（1928）年8月8日 | 駿河橋－足曳町 | 移設 |
| 昭和3（1928）年11月7日 | 野毛坂－長者町五丁目 | 昭和3（1928）年9月5日 | 羽衣町－尾上町 | 移設 |
| 昭和3（1928）年12月3日 | 桜木町－日本大通県庁前、本町四丁目－万国橋 | 昭和3（1928）年9月5日 | 住吉町迂回線 | 廃止 |
| 昭和3（1928）年12月11日 | 東神奈川駅西口－東白楽 | | | |
| 昭和3（1928）年12月28日 | 東白楽－六角橋、吉野町三丁目－日の出町一丁目 | | | |
| 昭和4（1929）年4月5日 | 久保町－西久保町 | | | |
| 昭和4（1929）年6月11日 | 青木通－青木橋 | | | |
| 昭和4（1929）年7月10日 | 桜木町－日の出町一丁目 | 昭和4（1929）年11月21日 | 本町四丁目－万国橋 | 休止 |
| 昭和5（1930）年4月12日 | 滝坂－生麦 | | | |
| 昭和5（1930）年6月25日 | 高島町－浅間下 | | | |
| 昭和5（1930）年10月1日 | 浜松町－洪福寺前 | | | |
| 昭和5（1930）年11月1日 | 東白楽東横電鉄横断部分 | | | |
| 昭和5（1930）年12月28日 | 西久保町－保土ヶ谷駅前 | | | |
| 昭和19（1944）年8月10日 | 生麦－鶴見駅前 | 昭和20（1945）年11月30日 | 生麦－鶴見駅前 | 休止 |
| 昭和24（1949）年3月15日 | 神奈川会館前－中央市場 | | | |
| 昭和29（1954）年5月10日 | 保土ヶ谷駅－保土ヶ谷橋 | | | |
| 昭和30（1955）年4月1日 | 間門－八幡橋 | | | |
| 昭和31（1956）年4月1日 | 保土ヶ谷橋－通町一丁目 | | | |
| | | 昭和41（1966）年8月1日 | 洲崎神社前－生麦、神奈川会館前－中央市場 | 廃止 |
| | | 昭和42（1967）年8月1日 | 芦名橋－杉田 | 廃止 |
| | | 昭和43（1968）年9月1日 | 六角橋－青木通<br>青木橋－浅間下<br>洪福寺前－浜松町<br>保土ヶ谷橋－通町一丁目<br>吉野町三丁目－弘明寺<br>本牧三溪園前－間門<br>生麦－鶴見駅前 | 廃止 |
| | | 昭和44（1969）年6月1日 | 阪東橋－吉野町三丁目 | 廃止 |
| | | 昭和44（1969）年7月1日 | 高島町－洪福寺前 | 廃止 |
| | | 昭和44（1969）年10月1日 | 横浜駅前－洲崎神社前<br>浜松町－阪東橋 | 廃止 |
| | | 昭和45（1970）年7月1日 | 高島町－馬車道－本牧三溪園前<br>西平沼橋－保土ヶ谷橋 | 廃止 |
| | | 昭和46（1971）年3月21日 | 横浜駅前－西平沼橋－山元町 | 廃止 |
| | | 昭和47（1972）年4月1日 | 桜木町駅前－前里町四丁目－芦名橋<br>桜木町駅前－前園橋－睦橋<br>本町四丁目－浦舟町 | 廃止 |

注）停留所名は最終的な名称で記載した

出典：『横浜市営交通八十年史』（2001）

▶さようなら運転で使用された500形523は市電保存館で展示されている。塗色は長谷川弘和先生のご助言により昭和初期のカラーに復元された。
　　　　P：岡田誠一

▼（左）523の車内。現在はバリアフリー対策のためスロープが付けられ、バーチャル体験が出来るようになっている。
　　　　P：岡田誠一

▼（右）最後の花電車となった貨車10も保存されている。上回りは1969（昭和44）年に更新工事を施工しているが、ブリル製台車の軸箱には交通局章が入っているなど一見の価値がある。
　　　　P：岡田誠一

# 横浜市電保存館

　横浜市電の車輌は、廃車後に1輌も他の局社に譲渡されなかったという逸話がある。1372ミリという軌間の関係もあるが、車齢の若かった車輌も含め新天地は見つからなかった。また、廃止後は一部の車輌が払い下げられて様々な施設で利用されたが、現在までにその殆どは解体されてしまった。だが、523、1007、1104、1311、1510、1601、10の7輌は、滝頭修繕工場の跡地に建てられた市電保存館に展示されている。これは長年にわたり活躍した横浜市電を永久に保存するため、1973（昭和48）年8月に開館したものである。その後、1983（昭和58）年8月に市営住宅の1階部分に納まる形で大改築して、あわせて「鉄道模型コーナー」などを設けた。さらに2003（平成15）年1月からはバリアフリー対策を施してリニューアルオープンした。

　路面電車を保存している施設は仙台市や名古屋市などにも例があるが、常設でこれだけ充実した施設は珍しい。横浜市電は書類関係の残置が少ないことが痛手だが、こうして本物の電車を保存していることは大変意義がある。本誌で書かれた内容に疑問があるかも知れないが、是非これらの車輌たちを実見して納得いただければ幸いである。

　なお、同館のホームページでは最盛期の路線図をダウンロードすることができる。

■横浜市電保存館
　http://www.kyouryokukai.or.jp/ciden/index.htm
●開館時間　9:30～17:00（入館は16:30まで）
●休館日　毎週月曜日（祝日の場合は翌日）
　　　　　および年末年始（12／29～1／3）
●料金　大人・高校生：100円　小・中学生：50円
●住所　横浜市磯子区滝頭3－1－53
・市営地下鉄阪東橋駅から市営バス68、102系統、同じく吉野町駅から市営バス113系統で滝頭下車
・JR根岸駅から市営バス21、78、133系統で市電保存館前下車

# おわりに

　10年程前になるが、鉄道友の会副会長でおられた故吉川文夫さんに、横浜市電のまとめを勧められたことがある。ちょうどRMライブラリーが発刊された頃だが、本業に忙殺されて立ち消えとなり、大変失礼なことをしたと後悔していた。

　そして、横浜開港150周年を記念して改めて名取紀之編集長から勧めがあり、やっと重い腰を上げる気になった。しかし、執筆を引き受けてみたものの、自分の資料だけでは戦前期を書く自信がなく困っていたが、公文書を駆使した研究に定評がある澤内一晃さんに助けを求め、開業時から空白部分を埋めることができた。

　上巻では高松吉太郎さんの資料を電気車研究会の今津編集長を介してお借りし、臼井茂信さんのプリントは名取編集長が用意された。さらに、荻原二郎さんのアルバムや星　晃さんの貴重な写真や資料により誌面を飾ることが出来た。

　下巻では河西　明さんの資料をかなり参考とした。終戦直後の横浜市電を1輌ずつ丹念に調べ上げた記録は大変貴重で、難解だった機器の交換などが解明できた。故中村夙雄さんの写真を管理されている稲葉克彦さん、故藤井　曄さんの写真を管理されている藤田吾郎さんにはデータの作成をお願いした。また、和久田康雄さんには許認可関連の資料についてご指導いただいた。そして、横浜市電の生き字引である長谷川弘和さんには特にお世話になり、多くの著作を参考とした。交通局を長年にわたり応援してくださる長谷川先生に改めて感謝の意を伝えたい。

　最後に私が交通局に勤務していた際の上司であった市電OBの方々にお礼申し上げたい。苦労の絶えなかった市電を支え続けたことに対し、後輩として誇りに思う次第である。

　　　　岡田誠一（元横浜市交通局総務課広報担当係長）

■主要参考文献
横浜商業会議所「横浜開港五十年史」（1909）
「横浜市史」第4巻上（1965）、第5巻中（1976）
「横浜市史Ⅱ」1巻下（1996）
横浜市交通局「ちんちん電車ハマッ子の足70年」（1972）
横浜市電気局「横浜市電気局事業誌」（1940）
「横浜市営交通八十年史」（2001）
臼井茂信「横浜市電」「鉄道」No.70～75・80（1935～）
長谷川弘和「横浜市電物語」「鉄道ファン」No.135−141（1972.7～1973.1）
長谷川弘和「乗車券でつづる70年の歴史」（1972）
長谷川弘和「横浜市電が走った街　今昔」JTBパブリッシング（2001）
依田幸一「チンチン電車始末記」かなしん出版（1988）
和久田康雄「日本の市内電車−1895-1945−」成山堂書店（2009）
横浜交通労働組合滝頭支部「写真集　鉄のワッカに生きる」（1972）
横浜交通労働組合「横交三十五年史」（1982）
●一次史料
「鉄道（運輸）省文書」「内務（建設）省文書」「横浜電気鉄道営業報告書」
「内務省統計」「内務省土木統計」

京急線のガードを潜ってきた1500形1517。自動車は増えたがこの頃が横浜市電の全盛期であった。　　1960.5.22　初音町　P：伊藤威信